Wald und Wiese auf dem Teller

Gisula Tscharner

Wald und Wiese auf dem Teller

Neue Rezepte aus der wilden Weiberküche

Fotografiert von Ulla Mayer-Raichle

AT Verlag

Dank

Mein herzlicher Dank geht an folgende wilde Berufsgeschwister:

Gina Chiara (Rezept »Holunder-Tartara«): Die Wildfrau und Köchin aus Almens, Graubünden, kreiert ihre Gerichte für die Tavolata aus Zutaten, die sie auf Streifzügen durch ihren Garten und in den Wiesen und Wäldern der Umgebung findet. Für Sammelstreifzüge und Kochkurse: Telefon 091 630 10 40 oder tavolata@soliwerk.ch.

Matthias Küchler (Rezepte »Blütenbutter« und »Druidenperlen«): Der brutzelnde und schnipselnde Gastwirt aus Oberdorf, Nidwalden, ist als Mietkoch unterwegs in der Zentralschweizer Küchenlandschaft – und zu Ihnen. Seine Bio- und Vollwertküche verrät Intuition und Leidenschaft. Auf zur Spurensuche unter www.vegimobil.ch.

Claudia Gorbach: Die diplomierte Landwirtin und Agronomin hat das Manuskript zu diesem Buch in diversen Stadien gelesen und mir wertvolle Tipps gegeben.

Danke auch an **Maria Barbara Barandun Scherrer und Inana Handschin:** Durch ihre helfende Kritik im Anfangsstadium wurden sie mir zu guten Wegweiserinnen.

3. Auflage, 2014

© 2009
AT Verlag, Baden und München
Lithos: Vogt-Schild Druck, Derendingen
Druck und Bindearbeiten: Andersen Nexö, Leipzig
Printed in Germany

ISBN 978-3-03800-404-2

Dieses Buch ist auch als E-Book erhältlich.

www.at-verlag.ch

Einführung

Dreifach haben wild wachsende Pflanzen mich beschenkt und gelehrt. Zuerst schlichen sie sich ein in meine Kochfreude, an die Bar und in die gastronomische Arbeit. Später lehrten sie mich den farbigen Rhythmus der Jahreszeiten. Und dann haben sie mich eingeweiht in ihr Aufsuchen, Bleiben und Verlassen von bestimmten Standorten. Beim Herumstreifen und Sammeln fallen mir Landschaftstypen auf, wo diese oder jene Pflanzenart besonders gut gedeiht, allein oder mit anderen Arten, die ebenfalls dorthin passen. Siedlungsgemeinschaften von Wildpflanzen über Jahre zu beobachten, ist höchst spannend und gibt zu denken. Da wird geholfen, geschädigt, gemobbt, überbordet, gestützt, verdrängt, gewartet, gehetzt, geliebt, gelebt ...

In diesem Buch werden Beispiele mitteleuropäischer Landschaftstypen vorgestellt – alpine, hügelige und flache – und entsprechend zugeordnet Wildpflanzen zum Essen und Trinken beschrieben; dazu gibt es rund 170 neue Rezepte. Nach den acht Jahreszeiten im Buch »Hexentrank und Wiesenschmaus« folgen hier die acht Lebensräume der Pflanzen.

Dieses Buch möchte ein Tor sein, durch das man lustvoll in die Wildnis hinaustreten, Neues kennenlernen und ausprobieren kann. Die meisten Rezepte konzentrieren sich auf jene Wildpflanzen, die uns so gehäuft oder im Übermaß umgeben, dass wir sie nicht mehr als »edle Wilde«, sondern als lästige Unkräuter empfinden. Haben diese zähen und frechen Lebenskünstler uns etwas mitzuteilen? Drängen sie sich vielleicht gerade deshalb so hartnäckig in die menschlichen Kulturräume? Dieser Frage gehe ich seit Jahren nach und habe dabei Erstauntiches beobachtet, das zum Nachdenken und zum Schmunzeln anregt. Dabei bin ich ehrfürchtiger geworden. Die Fotografien von Ulla Mayer-Raichle vermitteln diese Fragen und Botschaften in wunderschöner und erregender Weise. Für botanische Einzelheiten bietet der Buchhandel genügend Fachliteratur an.

Pflanzen in freier Wildbahn kennen die Erde viel länger als die Menschen. Sie lebten schon Millionen Jahre, bevor wir uns vom Tier zum aufrecht Gehenden entwickelt haben. Sie wissen mehr als wir über tiefere Zusammenhänge von Urzeit, Veränderung, Elementen und kosmischen Gegebenheiten. Sie haben Erfahrungen mit dem Klima, das sich immer wieder wandelt. Sie bewahren dieses Wissen in aller Stille; sich damit davonmachen können sie nicht. Unsere pflanzlichen Geschwister sind großzügige Gastgeberinnen; sie lehren und heilen gern, ohne sich dabei aufzudrängen, und ihre Giftwaffen sind bloß zum Schutz gegen Bedrohungen da – auch die Menschen haben schließlich ihre Tricks und Waffen. Die wild lebenden Pflanzen werden vermutlich besser überleben als wir Menschen – das stimmt mich positiv. Die Erde erlebe ich heute als Partnerin, nicht als Patientin.

Die acht Lebensräume, die diesem Buch die Grundstruktur geben, gibt es nicht offiziell; ich habe sie aufgrund jahrelanger Erfahrungen ausgewählt. Exakt abgrenzen lassen sie sich nicht, die Übergänge bleiben fließend. Rezepte mit sehr verbreiteten Pflanzen wie Löwenzahn oder Brennnessel kommen daher in mehreren Kapiteln vor. Vollständigkeit war ebenfalls nicht mein Ziel. Die Auswahl entspricht vielmehr dem Weg, den mich meine eigene Spürnase wies. Pro Jahr entdecke ich höchstens eine neue Pflanze. Oder eher: Sie findet mich. Und dann beginnt das gegenseitige Interesse und mein Ausprobieren. Schließlich kenne ich auch nicht alle Leute in meiner Gegend, sondern bloß jene, mit denen eine mehr oder weniger intensive Beziehung entstanden ist und wo die »Chemie« stimmt. Innerhalb der Kapitel sind die Rezepte in jahreszeitlicher Folge angeordnet, jeweils mit dem Frühling beginnend. Der größte Teil der Rezepte ist alltagstauglich, das heißt einfach in der Zubereitung. Dabei werden Pflanzenfunde von Spaziergängen und aus der Umgebung des Hauses integriert. Daneben gibt es auch aufwendigere Rezepte, meist für größere Vorräte: Sie erfordern eine bewusste Entscheidung und genügend Zeit sowohl zum Sammeln und/oder Zubereiten wie auch für das Aufsuchen eines bestimmten Lebensraumes einer Pflanze. Vereinzelt habe ich auch Anregungen für rituelle Anlässe eingestreut. Ich kann mir heute gar keine Zeremonie mehr vorstellen ohne dazu passende Getränke und Knabbereien aus freier Wildbahn.

Einige Anregungen zum Umgang mit Wildpflanzen

- Sammeln und Ernten ist nicht dasselbe. Man erntet die Kartoffeln im Garten, den Weizen auf dem Feld, man erntet Beifall, das heißt: Man holt alles, nichts bleibt ungeerntet. Wildpflanzen aber lassen sich nicht gut und auch nicht gern ernten, sondern vielmehr sammeln. Aus der großen Menge, die ich nicht einmal selbst anpflanzen musste, nehme ich nur das Beste. Vieles ist schon überreif, manches noch nicht soweit. Sammeln meint Bündeln, das Wichtigste zusammenfassen.

- Massenweises Pflücken von Wildpflanzen und -pilzen ist grundsätzlich zu unterlassen, denn einzelne Arten sind geschützt.
- Anders als beim Ernten muss ich fürs Sammeln allein sein, damit ich mich ganz dem widmen kann, was auf mich wartet. Ich muss spüren, wie die grünen Kolleginnen mir an diesem Tag begegnen, welche von ihnen mit mir kommen möchten, welche die Kraft für sich selbst brauchen und welche mich zu neuen Erkenntnissen einladen.
- Fröhliche Lust ist beim Wildsammeln wichtiger als die Jagd nach Vitaminen und nach Heilmitteln aus der Naturapotheke. Himbeeren aus dem Garten, Risotto aus dem Laden und Schokolade vom Kiosk essen wir schließlich auch in erster Linie aus Lust und nicht als Medikament für oder gegen etwas. Als Brennnessel am Waldrand wäre ich traurig und neidisch, wenn mich bloß die verbissenen Gesundheitsfanatiker brauchen wollten und nicht auch ein paar Liebhaber ... Wildpflanzen sind Lebewesen und »nicht bloß Behälter für chemische Substanzen«, wie Wolf-Dieter Storl es treffend formuliert.
- Beim Wildsammeln beherrscht das Thema Fuchsbandwurm noch immer in unverhältnismäßiger Weise die Gemüter. Diese Gefahr besteht jedoch immer, auch bei Pflanzen, die gewaschen wurden, auch bei solchen aus dem Garten und vom Markt, denn der Fuchs kommt überall hin.

Es besteht jedoch kein Grund zur Panik, wenn man sich die prozentuale Zahl der Ansteckungen im Vergleich mit anderen Alltagsgefahren, denen wir uns mehr oder weniger willentlich aussetzen, vor Augen hält. Wir leben immer lebensgefährlich. Vielleicht geht es dabei um etwas Tieferes, nämlich um die Entscheidung, welche Risiken ich zugunsten einer wichtigen Erkenntnis oder einfach eines schönen Erlebnisses einzugehen bereit bin. Heilung und Heiliges findet auch so statt.

Mit Ausnahme der Vorrats- und Grundrezepte sind sämtliche Rezepte für 4 Personen berechnet.

Zu den Maßangaben: 100 ml = 1 dl = $\frac{1}{10}$ l
1 Tasse entspricht etwa 200 ml Inhalt.

Grundrezepte

Kalt angesetzte Holunderblüten.

Die folgenden Grundzubereitungen kommen in den Rezepten oft vor.

Kalt angesetzter Sirup

Z.B. von Traubenkirsche, Holunderblüten, Mädesüß, Minze, Fichte.

Der Saft wird weder erwärmt noch luftdicht vakuumiert. Der Schraubdeckel soll beim fertigen Sirup locker auf der Flasche sitzen und nur für den Transport zugedreht werden.

> 1 kg Kristallzucker
> 1 l Wasser
> 1 Zitrone, in Scheiben geschnitten
> 25 g Zitronensäure (in Drogerien erhältlich)
> 3–4 Handvoll Blüten bzw. 5 Handvoll zerschnittene Blätter oder Triebe

Alle Zutaten in ein oder mehrere Plastik- oder Glasgefäße geben (wegen der Säure kein Metall!). 48 Stunden kühl und eher dunkel stehen lassen (bei Fichte etwas länger). Ab und zu umrühren, damit der Zucker sich langsam auflöst. Absieben, kalt abfüllen und kühl aufbewahren. Zum Genießen mit normalem Wasser verdünnen.

Grundsätzlich gilt: Je mehr Sammelgut, umso besser; der Sirup lässt sich so auch stark verdünnen (Zucker) und behält trotzdem das Aroma.

Haltbarkeit: bei Waldmeister, Holunderblüte und Mädesüß ½–1 Jahr, bei Minze 1–2 Jahre, bei Fichte 2–4 Jahre. Die Haltbarkeit verlängert sich, solange die Flasche nicht bewegt, transportiert oder angebrochen wird.

Sammeltipps: Bei Blüten darauf achten, dass es mindestens 2 Tage nicht geregnet hat, denn so sind am meisten Pollen und damit auch Aroma in den Blüten enthalten. Minze kann man auch dann noch verwenden, wenn sie schon blüht, solange die Blätter noch grün und duftend sind, was in regenreicheren Sommern länger der Fall ist. Für Fichtentriebe (Rot- oder Weißtanne) ist Juli bis Anfang September die ideale Erntezeit; die Triebe sind von der Form her ausgewachsen, aber noch heller und elastisch, und sie enthalten bereits das Geheimnis und Wissen des ganzen Baumes.

Dicksaft aus Blüten oder Baumtrieben

Z.B. von Löwenzahn- oder Holunderblüten, Alpenrosen, sommerlichen Jungtrieben von Fichte, Föhre, Wacholder.

Durch das lange Kochen gibt die Pflanze honigähnliche Aromen, also etwas von ihrem innersten Geheimnis frei.

> Blüten oder Triebe in einer Menge von 12–15 Liter, locker geschichtet
> Wasser
> 2–3 kg Kristallzucker

Die Blüten oder Zweigtriebe in einen 10-Liter-Topf geben, etwas zusammendrücken und kaltes Wasser dazugießen, bis das Pflanzengut knapp bedeckt ist. Aufkochen, 2 Stunden ziehen lassen, dann das Pflanzengut absieben. Den Saft (eigentlich ist es ein Tee) erneut aufkochen, dann ohne Deckel und bei größter Hitze etwa 2 Stunden weiter kochen lassen, bis die Saftmenge um einen guten Drittel reduziert ist. Den Topf vom Feuer nehmen und alles über Nacht ruhen lassen. Dann den Zucker (die Menge sollte knapp der Hälfte der jetzigen Saftmenge entsprechen) beigeben. Den Saft erneut aufkochen und offen 2–3 Stunden köcheln lassen, bis der

Saft wiederum um einen guten Drittel eingekocht ist. Achtung: Beim zweiten Einkochen in der Nähe bleiben, denn der gesüßte Saft kann über den Topfrand steigen.

Den fertigen Dicksaft in gründlich ausgewaschene vorgewärmte Flaschen abfüllen. Diese fest zuschrauben und einige Sekunden auf den Kopf stellen (um Bakterien im Deckel zu vermeiden).
Haltbarkeit: Mehrere Jahre.

Sammeltipps: Löwenzahnblüten sollen in der Mitte noch einen kompakten gelben Kern aufweisen. Holunderblüten müssen stieben vor Pollenreichtum; nie nach einem Regentag pflücken! Zweigtriebe von Bäumen werden in den Monaten Juni bis August gesammelt.

Süßsaft aus Beeren

Z.B. von Holunder, Berberitzen, Himbeeren oder Brombeeren, Vogelbeeren (siehe Tipp).

Durch das kurze Erhitzen bleiben Farbe und Aroma frischer, der Saft hält sich jedoch nicht länger als 1–2 Jahre.

Beeren, nur grob verlesen

Wasser

Zucker

Die Beeren in einen Topf geben und mit Wasser knapp bedecken. Aufkochen und abseits vom Herd lauwarm abkühlen lassen. Die Beerenmasse portionenweise durch ein angefeuchtetes locker gewobenes Leinentuch oder einen Leinensack pressen. Das tönt zwar altmodisch und anstrengend, aber die Wildfrüchte lieben es, mit Hand und Herz berührt zu werden; sie geben so auch mehr Saft her als im Entsaftungsgerät.

Den so gewonnenen Grundsaft im Verhältnis 2:1 mit Zucker mischen, nochmals aufkochen und heiß in saubere, vorgewärmte Flaschen abfüllen. Diese fest zuschrauben und einige Sekunden auf den Kopf stellen (um Bakterien im Deckel zu vermeiden). Für Gelee gilt dasselbe Vorgehen; es wird allerdings etwas mehr Zucker genommen und bei den meisten Früchten noch etwas Gelierpulver. Meist verwende ich Kristallzucker, weil er geschmacksneutral ist. Doch Vogelbeeren und Schlehen brauchen zwingend Roh- oder Kandiszucker, Honig oder Birnendicksaft (Birnel), damit die Säure und die Bitterstoffe neutralisiert werden.
Haltbarkeit: Süßsaft 2–3 Jahre, Gelee 1–2 Jahre.
Achtung: Gekochte Berberitzen verlieren nach 8–10 Monaten ihre rote Farbe und werden bräunlich, allerdings ohne Einbuße an Aroma.

Sammeltipp: Beeren, die in Rispen oder Dolden wachsen, müssen nicht entstielt werden. Bloß die großen Hauptstiele abschneiden. Auch wenige Blätter stören nicht bei der Herstellung von Süßsäften.
Tipp zur Verwendung von Vogelbeeren: Die Beeren nach dem Aufkochen 10–15 Minuten köcheln lassen und den Kristallzucker durch Birnendicksaft ersetzen.

Reines Wiesengrün

Augenweide und

Gute Wiese, wo Blatt- und Grasgrün sich die Waage halten.

Tischleindeckdich

Das Wort tönt schlicht, fast etwas banal: Wiese. Große, grüne Flächen breiten sich schier endlos zwischen Siedlungen aus, bedecken Ebenen, Hügel und Berge und wirken fürs Auge beruhigend. Sie gehören zusammen mit den Äckern zu den wichtigsten Grundbedingungen der sesshaften Lebensform, denn sie decken den menschlichen Milch- und Fleischbedarf. Wiesen lassen sich zum Mähen und Beweiden anlegen, sie bilden sich aber auch von selbst, und oft sprießen angesäte Grünpflanzen zusammen mit vor Ort heimischen wildlebenden Pflanzen. Halbwilde Matten werden so zu Naturgärten.

Wiesen gehören zur äußersten Hautschicht des Erdkörpers; sie bilden seine zarte Behaarung und schützen so die Oberfläche, wie beim menschlichen Körper auch. »Sich in seiner Haut wohl fühlen« – in der Sprache hat sich die Bedeutung der menschlichen Haut erhalten. Diese erzählt sehr direkt vom seelischen Befinden, denn hier findet der Austausch zwischen innen und außen statt, zwischen Mikro- und Makrokosmos.

Meine Coiffeuse, eine erfahrene Berufsfrau, bestätigte mir die Verbindung zwischen Seele und Haut: Haare würden aus Hautsubstanz gebildet; ein mikroskopischer Hautquerschnitt zeigt auch, wie das Haar in der Haut verankert ist, nämlich ähnlich wie eine Graspflanze im Humus. Sie merke sofort, wie es einem Kunden gehe, wenn sie sein Haar in Händen halte und die Kopfhaut etwas massiere. Darum liebe sie ihren Beruf so sehr, denn über Haut und Haar komme sie den Menschen sehr nahe. Sie biete deshalb zusätzlich auch Kopfmassagen an.

Ob die Erde sich wohl fühlt in ihrer Haut? Ob ihr Pflanzen- oder »Haar«-Kleid von innen her gut im Gleichgewicht gehalten und von außen liebevoll behandelt wird? Das frage ich mich manchmal, und ich frage es auch die Erde. Tastende Fragen halten wach, müssen nicht immer beantwortet werden. In manchen Gegenden strotzt die Erdhaut vor Gesundheit, man sieht es den Fluren an, und dort verweilt man gern beim Sammeln. Je vielfältiger das Grün leuchtet und je mehr Pflanzenarten die Wiese beleben, umso stärker nehme ich ihre Persönlichkeit und die gütige Überlegenheit ihrer Seele wahr. Viel habe ich von ihr gelernt, an Überlebensfantasie, auch an Tricks, um mich an Gegebenheiten und schwierige Situationen anzupassen. Wildpflanzen können mit Klimaveränderungen umgehen, legen Energiereserven an, ständig entwickeln sie neue Strategien gegen neue Feinde. Ist die Erde so ohnmächtig, wie sie politisch gemacht wird? Vorläufig ernährt und heilt sie uns nach wie vor. Mich erinnert sie immer wieder an organische Ähnlichkeiten bei Pflanzen, Tieren und Menschen.

Die Grüne Kraft

Grün berührt auf tiefere Weise als jede andere Farbe, es bedeutet Leben schlechthin. Grün liebkost die Seele. Wenn nach Winter- oder Trockenzeiten grünes Leben aus dem Boden schießt, bleibt kaum jemand unberührt. Es ist, wie wenn der Körper sich der Schicksalsgemeinschaft von Pflanzen- und Tierwelt bewusst würde, denn ich atme sofort tiefer ein. Ob dies wohl auch im christlichen Ostermythos anklingt, nach dem das Wunder des auferstehenden Lebens in der Jahreszeit des intensivsten Grüns geschieht? In solch großen Bögen hat schon vor 900 Jahren die heilige Hildegard gedacht und geschrieben. Als erste Christin mit öffentlicher Akzeptanz wagte sie, Natur und Glauben so direkt zu verbinden und wurde deswegen auch nicht verbrannt. Für sie wirkt die »Grünkraft« bis in alle seelischen und geistigen Dimensionen der Welt hinein und verkörpert die Güte Gottes.

Wald und Wiese
ergänzen sich
im Bedecken des
Erdkörpers.

Wiese bekleidet
Kultur (Schloss
Balzers).

Grünes Erwachen »Wilde Wiese«

Die grüne Kraft tröstet mehr als Worte, sei es
beim Verlust eines Menschen, der Gesundheit oder
sonst etwas Wichtigem.

Früh im März über die noch fahlen Wiesen
schlendern und mit den Augen nach den ersten
grünen Pflanzen ausschauen. Schon dies tut gut.
Kleinste Blättchen von Scharbockskraut, Bärlauch,
Löwenzahn, Vogelmiere, Geißfuß, Brennnessel,
Wegerich, Schafgarbe suchen, von Hand sorgfältig
am Boden abknipsen und gleich essen. Dabei die
verschiedenen Aromen entdecken und genießen.
Anmerkung: Das Risiko durch Fuchsbandwurm
krank zu werden, ist um ein Vielfaches geringer als
jenes durch seelisches Verkümmern.

Abwechslungreiche Wiesen-Kulturlandschaft.

Rituelle Variante: Die Blätter in einem Stoffsack sammeln und nach Hause bringen, zu Familie oder Freunden. Eventuell waschen (Erdreste stören im Haus eher als draußen) und in eine schöne, edle Schale legen. Diese herumreichen oder in die Mitte stellen. Alle nähren sich so von der grünen Kraft. Das gemeinsame Essen schafft Verbindung.

Situationen:

– Anlässlich der Geburt oder Taufe eines Kindes zu dessen Begrüßung

– während eines Genesungsrituals

– rund ums Sterben: als aufbauende Gemeinschaftsspeise, zuhause oder im Rahmen der Abschiedszeremonie

Erster früh-grüner Teppich: Jeden Frühling berührt es mich neu und heftig: diese tiefgrünen Flecken, zartblättrige Jugend, die aus dem verschlafenen und winterfahlen Erdreich hervordrängt, und dies in den kurzen Sonnenstunden und vor dem Frost der Nacht.

An einem Aprilnachmittag – eine steife Brise fegte über die gerade erst erwachten, sprießenden Wiesen – kam es zu einer Begegnung zwischen Sammelweib und Landmann. Zuerst schüttelte der Bauer, wie manch einer zuvor an diesem Tag, den Kopf in meine Richtung. Dann aber stieg er vom Traktor, kam zu mir her und meinte: »Es wächst ja noch gar nichts, schau nur, wie niedrig die Wiese ist, was findest du denn da?« Da zeigte ich ihm meinen fast vollen Korb mit jungen Blättchen von Knoblauchrauke, Sauerampfer, Gundermann, wildem Lauch, Schafgarbe, Kerbel, Spitzwegerich, Bärenklau, Leimkraut, Gutem Heinrich. Er lachte und meinte, er sei doch kein Rindvieh, und die Wiese wäre eigentlich für die Tiere da. Ohne Kommentar nahm ich eine Handvoll der frischen Kräuter, wegen der Aromafülle von allen etwas, und bot sie ihm zum Probieren an. Er kaute sie langsam, und sein spöttisches Lachen verwandelte sich in ein staunendes Lächeln. »Das schmeckt ja wunderbar – he, ich fresse von der eigenen Wiese, das muss ich meiner Frau erzählen!«

Einige Wochen bevor die Gräser in die Höhe schießen und lange bevor die Gartenerde erwacht, wachsen genau jene Kräuter, die wir um diese Jahreszeit brauchen – zum Entschlacken, zum Schmieren der Gelenke und zum Ankurbeln des Kreislaufs, um die Verdauung nach dem Fasten wieder anzuregen. Dazu gehören Bärlauch, Brennnessel, Scharbockskraut, Huflattich, Brunnenkresse, Nieswurz, Spitzwegerich, Wildlauch, Vogelmiere, Mädesüßtriebe, Löwenzahn, Bärenklau. Schon die Namen erinnern daran: Durch die lange und feuchtkalte Winterruhe entkräftet, wie auch die Menschen früher, fraßen die Bären als Erstes diese Kräuter. Oder war es umgekehrt? Es wachsen zur richtigen Zeit die Pflanzen, welche wir gerade dann brauchen. Unsere Ahnen haben ihr Heilpflanzenwissen zum großen Teil den Bären abgeschaut; im deutschen Sprachraum gibt es gegen sechzig Pflanzenbezeichnungen, die den »Bär« im Namen führen.

Die berühmte Neunkräutersuppe unserer Vorfahren – neuerdings wieder als spezielle Gemüsesuppe entdeckt – wurde zum Heilen und «Ent-wintern» gegessen. Als frische Delikatesse (siehe Fastensalat, Seite 20) sind diese ersten neuen Kräuter noch intensiver und lassen auch die einzelnen Aromen miteinander spielen. Wie die Bären, die sie wohl auch ungekocht fressen, genieße ich, was ich aus der Frühwiese gesammelt habe, roh.

Die »Grüne Neune«

Diese Suppe ist wohl eines der ältesten Gerichte, das die Menschen im Frühling zuzubereiten pflegten, um den Winter zu vertreiben. Später wurde daraus die Gründonnerstagssuppe. Ihre symbolische Heil- und Trostkraft liegt in der grünen Farbe und im Doppelsinn von »neu« und »neun«: Drei mal drei verweist auf eine sehr heilige Zahl, und neu sind die Pflanzen nach dem Winter.

Neunkräutersuppe

Klassisch werden die Zutaten zur Neunkräutersuppe ab dem 21. März gepflückt – mit Sorgfalt und mit Gedanken der Erneuerung:

Scharbockskraut, Brennnesseln, Geißfuß, Wasserkresse, Gundermann, Sauerampfer, Wiesenschaumkraut, Wegerich, Hopfensprossen

Die zarten Blätter in Butter leicht andünsten, mit Bouillon ablöschen und kurz aufkochen. Die Suppe wird als feierliches rituelles Mahl genossen, nur mit Wasser und Brot als Beilage. Die Schlichtheit erinnert auch daran, dass andere Menschen darben – gestern und heute.

Varianten: Ähnliche Suppen mit den am Ort vorhandenen Kräutern zubereiten. Das Angebot hängt von der Meereshöhe, vom Mineralgehalt des Bodens und vom örtlichen Klima ab.

Gundermann.

Scharbockskraut.

Spitzwegerich.

Geblümte Wiesenbrote

Die Grüne Neune lässt sich auch in frischer und
bissiger Form genießen. Sie eignet sich auch
für ein Schulprojekt in der Osterzeit, denn die Kinder
können alles selbst machen und miterleben.

> 1 Salatsieb voll Blätter von jungem Grün,
> z.B. Scharbockskraut, Sauerampfer, Brenn-
> nessel, Bärlauch, Vogelmiere, Spitzwegerich,
> Knoblauchrauke, Gundermann, Geißfuß,
> Schafgarbe, Leimkraut, Wildlauch
> Sonnenblumen-, Distel- oder Rapsöl
> Salz
> frisches Brot
> Magerquark
> einige frische Blüten zum Garnieren, z.B.
> Wald-Veilchen, Schlüsselblume, rote Taubnessel,
> Goldnessel, Gänseblümchen

Bei der Auswahl auf ein ausgewogenes Verhältnis
von Saurem und Bitterem, Aromatischem und
Mildem achten. Die grünen Blättchen sehr fein
hacken und mit etwas Salz und Öl gut vermischen;
diese Paste hält sich einige Tage. Brotscheiben
abschneiden, mit Magerquark bestreichen und dann
etwas von der Wiesenpaste daraufgeben. Mit den
verschiedenen farbigen Blüten garnieren. Sofort
genießen.
Die Wiesenbrote können als Snack zwischendurch
oder als ganzes Abendbrot serviert werden.
Wichtiger Tipp: Die Wiesenpaste nicht erwärmen,
sonst wird sie bitter!
Variante: Für einen größeren Vorrat werden die
Kräuter nicht von Hand gehackt, sondern im Blitzhacker (Cutter) zusammen mit Öl und Salz etwas
feiner gemixt. Diese Paste ist dann länger haltbar,
etwa 2 Monate. Im Kühlschrank lagern und hin und
wieder umrühren, denn der große Wassergehalt
der Blätter macht die Paste anfällig für Gären und
Schimmeln.

Geblümte Wiesenbrote: Quarkbrot mit Wiesenpaste,
garniert mit essbaren Blüten.

Fastensalat vor oder nach der Tagundnachtgleiche

Einfachstes Wildsammeln, das weder große Mengen noch lange Suchgänge erfordert, oder wenn es pressiert. Dieses Gericht ist leicht, schlicht, und schürt die Vorfreude auf noch mehr Grün.

> 3–4 Handvoll Frühlingskräuter aus nächster Nähe, z.B. Scharbockskraut, Brennnesseln, Löwenzahn, Sauerampfer
>
> 3–4 Esslöffel Olivenöl
>
> 1 Prise Salz
>
> 1 Spritzer Zitronensaft
>
> 1 Schuss milder Salatessig
>
> 700–900 g Kartoffeln, gekocht und ausgekühlt

Die Kräuterblätter von Hand sehr fein zerzupfen. Mit Öl, Salz, Zitronensaft und Essig gut verrühren und zugedeckt 1–2 Tage kalt stellen. Dann die grüne Masse gut mit den geschälten und in Scheiben geschnittenen Kartoffeln vermischen.

Fette und magere Wiesen

Der Kreislauf von Nehmen und Geben beschränkt sich nicht aufs Ernten und Düngen im Kulturland, sondern schließt sich auch beim Sammeln in der freien Wildbahn – in Form von Danken, Staunen, Aufmerksamkeit und Sorgfalt; ich kann nicht nur nehmen, ohne dafür etwas zu geben! Der Boden freut sich über eine solche innere Haltung wie der Himmel auch und wie alles Lebendige: Liebe ist eine Art Dünger.

Schon die Bezeichnung »mager« mahnt mich daran, dass solche Gebiete nicht für Ernten in großer Menge taugen und dies auch nicht sollen. Auf Magerwiesen wächst alles langsamer und unter speziellen Bedingungen. Magere Matten schenken uns Pflanzen zum Heilen, um uns zu berauschen und Blüten für nicht-alltägliche Gaumengenüsse. In einer solchen Flora ist viel Himmel drin.

Für die alltägliche Verpflegung und zum Anlegen von Wintervorräten aber besuche ich gern die fetten Wiesen, welche die Mengen hergeben, die auch fürs Großvieh wie auch für die vielen Menschen ausreichen. Gut genährt oder »fett« heißt dabei: eine dicke Humusschicht, genügend Feuchtigkeit und Substanzen, die das Wachstum fördern. Dazu trägt der Kulturmensch ebenfalls bei und muss das sogar auf Wiesen und Äckern, wo regelmäßig und viel geerntet wird. Im eigenen Garten helfe ich mit gut gelagertem Mist, mit Brennnesseljauche, Gründüngungs-Zwischensaat und weiteren bewährten Methoden nach. Auch frischer Mist ist nicht des Teufels, obwohl er etliche Küchenkräuter verschreckt und sie zeitweilig vertreibt. Auf einer im Herbst mit Mist gedüngten Wiese sammelt man aber im Frühjahr darauf das Beste an Salat und Gemüse.

Wiesenkerbel

Die sattgrünen Büschel des Wiesenkerbels finden sich auf der ganz frühen Frühlingswiese: Sie bergen ein sehr zartes Aroma, solange die gefiederten Blättchen noch nicht voll entfaltet sind. Allein für sich und roh genossen gibt Kerbel im Mund nicht viel her, aber in einer Paste aus frischen Wiesenkräutern gehört er zu jenen Pflanzen, die verbinden und abrunden. Gekocht jedoch, in einer gebundenen Cremesuppe oder Kräutersauce, überrascht die Pflanze. Kerbel lässt sich nicht immer gut von ähnlichen und teilweise giftigen Pflanzen unterscheiden, vor allem vor der Blüte. Folgende Grundregel schützt bei Unsicherheiten vor Fehlgriffen: Kerbelblätter nur in einer richtigen Wiese pflücken, nicht an Wald- und Heckenrändern!

Gemeines Leimkraut.

Kerbel-Kartoffelpüree

1 kg mehlige Kartoffeln

25 g Butter

2 Zwiebeln, fein geschnitten

1 Salatsieb voll junger Kerbelblättchen

200–300 ml Wasser

Salz

200 g Reibkäse

Die Kartoffeln schälen und in Stücke schneiden.
In Wasser weich kochen, dann abgießen, abtropfen
lassen und zu Püree zerstampfen.
Inzwischen in einer Pfanne in der heißen Butter
Zwiebeln und Kerbelblättchen andünsten, mit dem
Wasser ablöschen (Menge je nach Trockenheit
bzw. Feuchtigkeit des Kartoffelpürees anpassen)
und 5–10 Minuten köcheln lassen. Abseits von der
Herdplatte die pürierten Kartoffeln darunter-
mischen, würzen und den Käse darunterziehen.
Die Masse in eine gefettete Gratinform füllen und
diese mit Alufolie bedecken (es soll keine Kruste
geben). Im Backofen bei 150 Grad etwa 30 Minuten
backen.
Dazu passt ein gemischter Salat, mit Eiern, Pilzen,
Wurst oder Speck angereichert.

Blühender Kerbel in der Frühlingswiese.

Bärenklaugemüse

Ein feines, spezielles Aroma, von dem jede weitere Würzung ablenken würde.

> 1 großes Salatsieb voll junger Bärenklaublätter und -stiele
> ·················
> 1 Esslöffel Butter
> ·················
> Salz oder Kräutersalz

Die Blätter und Stiele in kochendem Wasser überwallen und in ein Sieb abschütten. In einer weiten Pfanne die Butter erwärmen und das abgetropfte Gemüse hineingeben. Leicht salzen und alles gut vermischen. Als Beilage wie Spinat servieren.

Junge, f.eischige Bärenklaublätter auf nahrhaftem Boden.

Bärenklau

Unter den Doldengewächsen hat der Bärenklau die größten und saftigsten Blätter. Er ist in allen Höhenlagen zuhause und gedeiht auf voralpinen Wiesen und Bergwiesen wie auch an Garten- und Straßenrändern oder als Pioniergewächs in Aufforstungen. Von seinem leicht giftigen Verwandten, dem Riesenbärenklau, unterscheidet er sich sehr deutlich: Er ist viel kleiner und dunkelgrün, hat rundere Blätter und an den Blattstängeln weder Haare noch rote Punkte. Bärenklau liebt fetten Boden. Er wächst nach jedem Grasschnitt nach und bleibt zart bis in den späten Oktober. Mit normalem Spinat nimmt er's locker auf, denn er enthält keine Oxalsäure. Solange die Blätter noch etwas zusammengefaltet und glänzend sind, ist der richtige Moment zum Pflücken.

Variante für »grüne« Gerichte: Einzelne Bärenklaublätter roh hacken und einem Omeletten- oder
Spätzliteig beifügen oder zur Grünfärbung von
Risotto, Käsesoufflé usw. verwenden. Diese Verwendung eignet sich gut, wenn nur wenige Blätter
gefunden wurden.

Sauerampfer

Als Kinder saugten wir früher mit Genuss die Amp-
ferstängel aus – die erfrischende Säure der Pflanze
löschte sowohl den Durst wie auch die Neugier nach
»Wildnis«. Junge Sauerampferblätter sind ein
Traum; sie sind noch säuerlicher, noch zarter, noch
grüner als die Stängel. Diese jugendlichen Blatt-
prinzessinnen finden sich allerdings nur im Frühling. Sie wachsen dann in Büscheln direkt aus dem
Boden, vom Stängel ist noch nichts zu sehen. Die
länglichen Blättchen geben jedem Salat den grünen
Pfiff des Frühlings und einer »wilden« Wiesenpaste
die natürliche Portion Säure, ohne dass mit Zitronensaft nachgeholfen werden muss.
Achtung: Sauerampferblätter nicht als gekochtes
Gemüse verwenden, denn durch Hitze verfärbt sich
ihr Grün unappetitlich bräunlich.
Die unordentlichen, leicht rot gefärbten Fruchtstände sind zwar keine Augenweide, aber umso
mehr eine kaum zu übertreffende Gaumenfreude.

Ausgereifte Sauer-
ampfersamen (oben),
Sauerampferblüten
und -blätter (unten).

Kalte Sauerampfersauce

Pikant durch natürliche Säure.

½ Salatsieb voll Sauerampferblätter
(vor der Stängelbildung geerntet)
1 altbackenes weißes Brötchen oder Weißbrot
1 Spritzer Zitronensaft
1 Spritzer Essig
½ Tasse Mayonnaise
Kräutersalz

Das Brot in Wasser einweichen und dann von Hand gut ausdrücken. Mit allen anderen Zutaten mixen. Die grüne Sauce hat etwas Erfrischendes und passt zu kaltem Fleisch aller Art sowie zu hartgekochten Eiern.

Geröstete Sauerampfersamen

Kurz bevor die Wiese gemäht wird, schaukeln die Samenplättchen hellgrün, rot oder zweifarbig kombiniert lustig an den hohen Stängeln.

Sauerampferstängel mit reifen Samenständen

Die flachen grünen oder dunkelrot geränderten Samenplättchen lassen sich leicht vom Stängel streifen. Auf einem Blech bei 180–200 Grad im Backofen kurz rösten, bis sie bräunlich sind. Sie schmecken fantastisch auf einem Butter-, Käse- oder Streichkäsebrot. Über den Salat oder das Morgenmüesli gestreut, ersetzen die nussig-aromatischen Samen andere Kerne.
Tipp: Die Samen lassen sich auch einfrieren, dies aber besser vor dem Rösten.

Minze

Eine unergründliche Pflanze, denn sie liebt gut besonnte Orte am Fels genauso wie die nassen Ränder eines Bächleins oder Standorte in einer normalen mitteltrockenen Wiese. Die allerbeste Wildminze wächst im Verbund mit Dost und Brennnesseln und kann dort, anders als in den massigen Büscheln am Bach, ihre eigenständige Schönheit entfalten. Kerzengerade Stängel tragen makellose Blätter und rosa Blütenstände. Der Minze perfektes Spiel mit Schatten und Licht, Nass und Trocken verwirrt mich ebenso wie ihre Sturheit, wenn sie an einem schlechten Standort über Jahre, verkümmert und dem Tierfraß preisgegeben, in provozierender Beleidigung ausharrt. Schließlich könnte sie ja weiterwandern, wie es kultivierte Minzenkolonien, vor allem in Gärten, auf der Suche nach den besten Bodenbedingungen auch tun.

In meinem Garten lebte viele Jahre eine Kulturminze, die unsere Familie treu mit Tee versorgte. Sie wanderte jedes Jahr ein paar Zentimeter weiter, immer Richtung Osten, wo die anderen Gewürze wuchsen. Eines Sommers entdeckte ich in freier Wildbahn riesige Minzenvorkommen, die mich und meine Kundschaft seither im Übermaß beschenken. Im Jahr darauf wechselte die Minze in meinem Garten abrupt die Richtung um etwa 120 Grad und wanderte von da direkt auf die Betonmauer zu. Sie wich dem Hindernis nicht aus und hatte den Freitod innerhalb von drei Jahren geschafft. Von solchen Erlebnissen habe ich gelernt, wie empfindsam Pflanzenseelen sein können, wilde wie kultivierte. Seither teile ich mich mit Gedanken und Gefühlen den Pflanzen noch viel mehr mit; die Pflanzen im Garten haben es am allernötigsten, weil bei ihnen Heimatlosigkeit und Leistungsdruck enorm groß sind.

Minzen-Joghurtdrink

Der Schuss Wildnis im Minzduft gibt dem Joghurt
doppelte Frische.

    1 Becher (180 g) Joghurt nature

    2–3 Esslöffel Minzsirup, kalt angesetzt nach

    Grundrezept Seite 10

    wenig Wasser

Joghurt, Sirup und Wasser gut vermischen
(z.B. im Schüttelbecher). Kalt genießen.

Heißer Tee »Winterufer«

Minze und Holderblüte haben sich vom Sommer
her gehalten und erhellen als Getränk den dunklen,
kalten Winter. Sie wärmen nach langem Draußen-
sein.

    2 Handvoll getrocknete wilde Minze

    1 l Wasser

    100 ml Holunderblüten-Dicksaft, nach Grund-

    rezept Seite 10

    2–3 Spritzer Zitronensaft

Die Minze zerkleinern und ins kochende Wasser
geben. Den Tee ziehen lassen und die Blätter
danach absieben. Den Tee mit Holunderblütensaft
süßen und mit etwas Zitronensaft abschmecken.

Wilde Minze
im Beginn des
Pflückstadiums.

Rossminze:
Blätter und Blüten
sind verwendbar.

Minz-Weinbeeren-Sauce

Eine wilde Melodie zum Fleischgericht.

> Braten, Ragout oder Geschnetzeltes
> von Schaf- oder anderem Fleisch, angebraten,
> gewürzt und in Flüssigkeit gar geschmort
> 1–2 Handvoll Sultaninen oder andere Weinbeeren
> 2–3 Esslöffel Minzpaste (siehe Rezept links)
> 100–150 ml Rahm

Das fertig gegarte Fleisch aus der Sauce nehmen und warm stellen (Geschnetzeltes kann in der Pfanne zur Seite geschoben werden). Die Sultaninen zur Sauce geben und abseits vom Herd 10 Minuten ziehen lassen. Dann die Minzpaste beifügen und die Sauce nochmals 5–10 Minuten erwärmen. Das Fleisch wieder zurück in die Sauce geben, diese mit dem Rahm verfeinern und alles nochmals gut warm werden lassen.

Pikante Minzpaste

Passt besonders gut zu Schaf- und Wildschwein-gerichten.

> 8–10 große oder 20 kleinere Minzenpflanzen,
> Blätter abgezupft
> 300–400 ml Sonnenblumen-, Raps- oder Distelöl
> ½ Teelöffel Salz

Die Minzenblätter zu einer Paste verarbeiten (siehe Majoranpaste, Seite 27). Wichtig: Die Blätter von Hand und nicht allzu klein schneiden.
Die Minzpaste ist bereits nach 4–5 Wochen genuss-bereit. Haltbarkeit: 1 Jahr.

Minz-Ingwer-Sauce

Eine pikante Note zu Fleisch oder Reis.

> Braten, Ragout oder Geschnetzeltes von
> Schaf oder Wildschwein, angebraten, gewürzt
> und in Flüssigkeit knapp gar geschmort
> 2–3 Esslöffel Minzpaste (siehe Rezept links)
> 1–2 Teelöffel Zitronensaft
> 1 Teelöffel geraffelter frischer Ingwer oder
> 1 Teelöffel Ingwerpulver
> 100–150 ml Rahm

Das fast fertig gegarte Fleisch etwas zur Seite schieben. Minzpaste, Zitronensaft und Ingwer bei-fügen und noch 5–10 Minuten köcheln lassen. Zuletzt mit dem Rahm verfeinern und diesen noch-mals gut warm werden lassen.

Variante: Für Minz-Ingwer-Reis wird ein körniger Reis in Bouillon gekocht und 15 Minuten vor Ende der Garzeit die Minzpaste sowie Zitronensaft und Ingwer beigefügt. Nach Belieben noch mit etwas Currypulver und zum Schluss mit ganz wenig Rahm verfeinern.

Kümmel

Eines der vielen Doldengewächse, die uns die Wiese bietet. Kümmel wächst immer erst nach dem zweiten Schnitt, also nach der ersten Heuernte und eher in höheren Lagen (bis 2000 Meter über Meer). Im Vergleich zum Wiesenkerbel sind die Blätter und Blüten des Kümmels viel kleiner und sehr locker angeordnet. Man muss die zarten Dolden, die fast keine mehr sind, schon kennen oder sehr gut nach ihnen suchen. Habe ich sie erst einmal wahrgenommen, sehe ich sie plötzlich weit verbreitet, wie einen zarten Schimmer im Emd.
Kümmel reift rasch, und bald wird aus dem unscheinbaren Blütenstängelchen ein brauner holziger Stiel mit dicken Samen an der Spitze. In diesem Stadium lassen sich die Kümmelsamen sehr gut von ähnlichen Fruchtständen anderer Doldengewächse unterscheiden: Man muss die Samen nur leicht zerreiben und an die Nase halten, um den typischen Kümmelduft zu erkennen. Erst wenn die Pflanze ganz trocken und dürr ist, entfaltet der Kümmel sein volles Aroma. Beim Ernten ist darauf zu achten, dass der Samen dürr ist, sonst kann er noch an einem trockenen, luftigen Ort (Estrich) nachgetrocknet werden. Später im Herbst lassen sich die Samen von den Stielen rebeln.

Jahrelang freute ich mich im Spätsommer auf den wilden Kümmel, der im Emd immer in großen Mengen blüht und fruchtet. Jedes Mal wollte ich warten, bis die Samen ganz reif wären, aber dann wurden die Wiesen immer schon geschnitten, bevor es so weit war. Etwas traurig gab ich den Kümmelwunsch auf und dachte nicht mehr daran. Zwei Jahre später fiel mir auf, dass unsere Wiese im Garten im Spätsommer einen braunen Flor trug – das war neu. Beim genauen Hinsehen erkannte ich, dass es reifer Kümmel war, der mir stolz entgegenlächelte. Seither ist er bei uns geblieben und erobert jedes Jahr ein weiteres Stück Wiese.

Kümmel gehört zum Gewürzbestand in jeder europäischen Küche. Wilder Kümmel ist doppelt so stark im Aroma, obwohl das Samenkorn nur halb so groß ist wie das der kultivierten Pflanze. Wiesenkümmel bloß gegen Blähungen im Kohlgemüse zu verwenden, finde ich schade. Er darf durchaus eine königliche Sonderbehandlung erhalten. Die folgenden Rezepte werden mit wildem Kümmel ausgewogener im Geschmack.

Kümmel-Blüten-Brötchen
Eine schnelle Begleitung zum Aperitif im Winter.

Frische Brotscheiben, in mundgerechte Stücke geschnitten
Frischkäse als Brotaufstrich
Meersalz
Wiesenkümmelsamen
trockene Wildblüten vom Sommer

Die Brotstücke mit Frischkäse bestreichen. Mit etwas Salz bestreuen, wenig Kümmelsamen daraufgeben und mit trockenen Wild- oder Gartenblüten verschönern. Neben der Gaumenfreude bieten diese Kümmelbrötchen eine Verdauungshilfe für das nachfolgende Essen.

Blühender Kümmel im sommerreifen Wiesengras.

Variante: Kleine Kümmelbrötchen selber backen; die Samen lassen sich jedem Brotteig beimischen, am besten kombiniert mit Halbweiß- sowie wenig Roggenmehl.

Kümmelquark

Früher brauchte man Kümmel zum Konservieren. Offenbar halten seine ätherischen Öle Fliegen und andere Insekten ab.

> 1 Esslöffel Wiesenkümmel
> 500 g frischer Vollmilch- oder halbfetter Quark
> 2 Esslöffel fein geriebener Parmesan oder Sbrinz
> Kräuter- oder Meersalz

Den Wiesenkümmel im Mörser sehr fein zerstoßen. Den Quark mit Kümmel, Käse und Salz sehr gut verrühren oder bei körnigem Quark noch besser von Hand eine Weile kneten. Den Kümmelquark kühl aufbewahren.

Eignet sich zur Verwendung in Suppen, Weißkohl-gemüse, zu Kartoffeln in der Schale, als Brot-aufstrich oder als würzende Zugabe zum Brotmehl. *Variante:* Zusammen mit den anderen Würzzutaten noch etwas geriebenen Knoblauch unter den Quark kneten. Die Kombination von Kümmel und Knob-lauch ist sehr speziell und vermittelt einen Hauch von osteuropäischer Kochkultur.

Kümmelschnaps »Erdhöhle«

> 2 Esslöffel Kümmelsamen
> 500 ml Cognac

Die Kümmelsamen im Mörser etwas zerdrücken, dann zusammen mit dem Cognac in eine Flasche geben. Fest verschlossen und dunkel gelagert 2–4 Monate ziehen lassen. Etwa alle 3 Wochen die Flasche stürzen, damit der Kümmel nicht ver-klebt. Absieben und genießen!

Abschied vom Grün im Herbst

Je mehr die heimischen Gemüse- und Gewürzkräuter zugunsten von reinem Schnittgras aus einer
Wiese weggedüngt werden – durch Kunstdünger
werden sie ihrer Lebensbedingungen beraubt oder
gar geschädigt –, umso schneller zieht sich die
Grünkraft bei längerer Trockenheit zurück: Das Gras
verdorrt sofort und wird zur gelben Steppe.
Bei unbehandelten Wiesen ist dies nicht weiter
tragisch, weil – wie in allen Wüsten- und Savannen-
gebieten auch – das Grün zurückkehrt, sobald die
Erde wieder Wasser bekommt. Gräser jedoch haben
kurze, kleine Wurzeln und wachsen nach der Aus-
saat eng zusammengepfercht. Zudem werden die
Landmaschinen immer schwerer und pressen den
Boden fest. Wen wundert's da, dass das Gras als
Erstes schlapp macht? Die vermeintlich robusten
Grasgewächse erweisen sich so als schwächstes
Glied in der Reihe der Wiesenpflanzen, vor allem
in Monokulturen. Viel besser atmen und wurzeln sie,
wenn sie sich mit Löwenzahn, Kerbel, Bärenklau
und vielem anderem Geblätter verbünden können;
sie profitieren auch von deren Schatten wie auch
vom lockereren Boden.
Gras ist nicht nur bezüglich Trockenheit das
schwächste Glied im Reich der grünen Wiesenpflanzen, sondern auch, wenn der erste Frost übers
Land streicht. Im Gebirge reichen schon zwei bis
drei kalte Septembernächte, und das robuste Alpen-
gras, das die Bergflanken bis gegen 3000 Meter
hinauf bekleidet, verliert sofort sein Grün und wird
hellgelb bis orangerot. In den Niederungen wird
es meist November, bis die Kälte zuschlägt; aber
wenn es soweit ist, werden auch hier die Gras-
büschel in Kürze matt und strohig.
Alles, was näher am warmen Erdkörper wächst,
lacht sich noch eine Runde grün und breitet sein
Blattwerk erst recht ausladend über den müde

geworden Boden. Wilde Möhren, Wiesensalbei
und Spitzwegerich breiten ihre schönen Blätter aus,
zeigen ihre Rosetten in geometrischer Vollendung
wie runde Kirchenfenster oder Schneekristalle. In
die Höhe müssen sie nicht mehr wachsen – das
Drängen nach oben, Liebemachen und Sich-Fort-
pflanzen, dieser ganze Stress ist vorbei. Der Spitzwegerich bildet zum Abschluss noch den Himmel
auf Erden nach, indem er kosmische Zahlenverhält-
nisse sichtbar macht: Die Anordnung der Blätter
im Kreis entspricht einem Muster, das sich auch in
den verschiedenen Planetenbewegungen findet, hier
in dem sich rhythmisch verändernden Abstand des
Planeten Venus zur Erde.
Trotz Abschiedsstimmung in der Natur finden sich
aber noch immer kleine und kräftige Delikatessen.

Spitzwegerich-
rosette im Spät-
herbst: Kosmische
Geometrie ist in der
Blattanordnung
sichtbar.

Martini-Rösti

Eine Verwendung für Blattpflanzen, die zwar noch sehr aromatisch, aber nicht mehr zart genug sind, um sie roh zu genießen. Solche Kräuter findet man im späten Frühling und im späten Herbst oder wenn junge Blätter infolge langer Trockenheit klein und zäh bleiben.

1 kg Kartoffeln, roh

4 Esslöffel Oliven- oder Sonnenblumenöl

2–4 Handvoll frischer Kräuter und »Unkräuter« aus Wiese, Hecke, Garten

Salz

Die Kartoffeln in feine Scheiben schneiden (Schälen ist bei zarter Schale nicht nötig). Das Öl erhitzen und die Kartoffeln darin unter häufigem Wenden, damit sie nicht verkleben, 5 Minuten braten. Zudecken, die Hitze stark reduzieren und 10 Minuten weiterbraten. Dann die nicht allzu fein gehackten Kräuter und das Salz beifügen. Unter häufigem Wenden nochmals 10–15 Minuten dünsten, bis die Kartoffeln gar sind. Die Kräuter bleiben halbwegs knackig und behalten ihre grüne Farbe.

Tipp für den Winter: Auf gleiche Art kann man in Öl eingelegte Sommerkräuter verwenden, dann am Anfang nur 2 Esslöffel Öl nehmen.

Grenzgewächse: Waldränder und Hecken

Intimität und

Sanddorn.

kleiderpracht

Grenzen in der Natur sind immer Zonen, in denen zwei Landschaftstypen ineinander übergehen, langsam fließend einander ablösend. Haarscharfe Linien, millimetergenaue Grenzen, das gibt es nur in unseren Köpfen, auf dem Papier, beim Bauen und beim Zäunen auf Grundstücken. In freier Wildbahn jedoch sind es eher Grenzbereiche. Ein Beispiel: Die Waldgrenze in den Alpen mag von Weitem eine gerade Linie bilden, von Nahem besehen schwankt die Grenze des Waldes aber in einem Gürtel von etwa 100 Höhenmetern.

Wo fängt der Wald an?
Wo hört die Wiese auf?

Waldränder gehören zu den faszinierendsten Grenz-bereichen, und als solche kommen sie seit je in Gedichten, Liedern und Mythen vor. Von der Wiese her wagen sich Bärenklau und Gundermann noch recht weit ins Randgebiet vor; gleichzeitig erobert das Moos des sauren Waldbodens ein Stück des Wieslandes, und die Äste der äußersten Bäume nutzen die Freiheit und strecken sich weit ins offene Land hinaus. Eine solche Randvegetation ist Wald und Wiese zugleich, robust und für die Küche ein wahrer Delikatessenladen. Die Pflanzen genießen dort von beidem das Beste: Vom dunklen Wald her ist Feuchte garantiert, auch Kühle und Windschutz. Vom offenen Feld her gibt es genug Licht, etwas Wärme, ab und zu ein Lüftchen, Schmetterlingsbesuche, gut gelaunte Spaziergängerinnen, Kulturgeräusche und -düfte. Ein enormer Unterschied zum Innenraum des Waldes, der eher dem Innern einer gotischen Kirche gleicht.

Hecken: Zierde, Schranke, Geheimnis

Vom Bewuchs her sind sich Hecken und Waldränder ähnlich, nach ihrer Entstehung und Ausstrahlung aber verkörpern sie völlig verschiedene Welten. Als auffallende dekorative Streifen inmitten von säuberlich gepflegten Äckern und Matten, die von forstlichen Werkzeugen kaum heimgesucht werden, winken mir die Hecken meist schon von Weitem zu. Sie halten die Spannung zwischen Kultur und Wildnis am längsten aus, und ihre Botschaft ist brisant! Denn auf nur 3 bis 10 Meter Breite hüten sie eine Gegenwelt inmitten des Kulturlandes und bilden einen Grenzstreifen zwischen hüben und drüben. Meist dienen sie dem Windschutz und zugleich der Grundstücksbegrenzung.

Dieses Doppelleben von innen und außen halten nicht alle Pflanzen aus. Die, die es können, bauen und gestalten wahre Kunstwerke: Riesig lange Rosen- und Brombeerranken klettern rundum in die Höhe – sie halten das Heckengeheimnis zusammen und beschützen es auch mit ihren Dornen. Wilde Kirschbäume lieben Waldränder über alles und bieten dem Mund im heißen Vorsommer vom Süßesten, rot oder schwarz. Geißfuß, Koblauchhederich, Gundermann und allerlei Nesseln bedecken liebevoll die Blößen am Boden. Da und dort hocken ganze Nester von wildem Majoran (Dost) im geheimnisvollen Grenzstreifen am Waldsaum und verströmen ihren Duft schon beim Berühren, sodass

man sofort weiß: Sie halten dem Vergleich mit den Mittelmehrberühmtheiten wie etwa dem Basilikum punkto Intensität mit Sicherheit stand. Die Ligusterblüten (giftig) betören im Frühsommer mit ihrem schweren Parfüm und regen die schönsten Fantasien an; auf meinen Streifzügen stecke ich sie mir in die Nasenlöcher und atme durch Blütenduft. Weiß- und Schwarzdorn bilden zusammen mit Haselstauden, Pfaffenhut und Hartriegel das Grundgerippe für Hopfen und anderes Grün, das in einjährigem Schnellspurt in die Höhe drängt. Und für alle Heckenpflanzen zusammen gilt: Teils stützen sie sich gegenseitig, teils mobben sie einander bis zur bitteren Zermürbung.

Begeistete Wildkirschen

Wilde Kirschen enthalten weniger Wasser als kultivierte. Entsprechend intensiver wird das wildweihnächtliche Rumtöpfchen.

Wilde Kirschen ohne Stiel
....
wenig Zucker
....
weißer Rum (50 Vol.-%)

Die Kirschen in Gläser mit Schraubdeckel füllen, rote und schwarze Sorten besser getrennt. Wenig Zucker darüberstreuen und mit Rum auffüllen, bis die Kirschen damit bedeckt sind. Die Gläser verschließen und im dunklen Keller bis Weihnachten (das heißt mindestens 5 Monate) stehen lassen. Vielfältig verwendbar zu Glace und Cremen; auch der Rum mit dem intensiven Kirschenaroma schmeckt wunderbar.
Tipp: Einmal eingemacht, können die hellen und dunklen Kirschen ohne die Flüssigkeit auch dekorativ kombiniert werden.

Heckenlandschaft.

Trockenmauer:
Grenze und kultureller
Bestandteil der Hecke.

Konfekt-Variante: Die Kirschen samt Stiel in den Rum einlegen. Sobald sie durchgezogen sind, herausnehmen und gut abtrocknen. Am Stiel halten und in flüssige Schokolade oder noch warme Truffe-Masse tauchen und trocknen lassen.

Traubenkirschen

Die länglichen Blütendolden duften atemberaubend lieblich und fallen viel mehr auf als jene der Wildkirschen. Sie sehen so elegant aus und winken im Mai wie weiße behandschuhte Brauthände von waldigen Säumen und Hecken. In Kirsch angesetzt oder in kalt angesetztem Sirup verströmen die Traubenkirschenblüten den intensivsten Duft unter allen Steinobstbäumen. Die Kirschenfrüchte selbst sind klein und unauffällig, geben für Marmelade nicht viel her und sind roh genossen giftig.

Traubenkirschen-Sirup

1 Salatsieb voll Blütendolden der Traubenkirsche

1 l Wasser

1 kg Zucker

25 g Zitronensäure

1 Spritzer Zitronensaft

Aus den Zutaten einen kalt angesetzten Sirup nach Grundrezept Seite 10 zubereiten.
Als Sirup mit Wasser verdünnt: traumhaft! Zum Aromatisieren und Süßen von Joghurt oder Fruchtsalat, zum Tränken eines Savarin-Gebäcks oder von trockenem Biskuit.

Zärtliches Ehebeginnen

Ein erfrischendes Getränk für die Braut am Hochzeitsmorgen, bevor sie sich ins weiße Kleid hüllt – vielleicht vom Bräutigam selbst serviert. Der anschließende Kuss vom Frühling befeuchtet ... Die Blüten für ihn, die Erdbeeren für beide.

30 ml Traubenkirschensirup, kalt angesetzt nach Grundrezept Seite 10

2 große ganze Erdbeeren

1–2 Teelöffel Joghurt nature

250 ml Mineralwasser

essbare weiße Einzelblüten ohne Stiel von Obst- oder Heckenbäumen

Am Vorabend die Erdbeeren im konzentrierten Sirup einlegen. Am Morgen beides in eine weite Schale geben. Joghurt und Mineralwasser gut vermischen und darübergießen. Die Blüten wie Seerosen auf die Oberfläche legen. Es darf aussehen wie ein Myrtenkranz auf dem Brautschleier.

Traubenkirsche in der Blüte (links) und Traubenkirschensirup.

Dschungelleben

Die dichten Waldränder oder Hecken werden an vielen Orten zusätzlich bekleidet von der Gemeinen Waldrebe («Nielen»). Deren Stängel verholzen rasch und bilden meterlange dicke Seile wie Lianen. Da lässt es sich klettern nach Affenart, und die Stängel kann man rauchen, wie es unsere Eltern in der Kinderzeit taten. Es entstehen ganze Dschungel, in denen sich Hütten bauen lassen. Darin lässt es sich schlafen, lieben. Kinder wohnen im Sommer darin wie im Ferienhaus.

Von der Wiese oder vom Weg aus kann ich nicht mit einem Schritt ins Innere des Grenzgesträuchs hüpfen, ebenso wenig von drinnen nach draußen. Mit tastenden Schritten und viel Ellenbogeneinsatz muss ich das Dickicht der Vegetation durchdringen, langsam und sorgfältig, schon wegen der vielen Dornen. Es ist kein Eintreten, sondern ein Hinein-arbeiten. Kein Moment, sondern eine gefüllte Zeitspanne – ähnlich wie bei Reisen, wo die Seele genügend Zeit braucht für den Ortswechsel.

> Mit dem Flugzeug nach Rumänien zu reisen habe ich aufgehört. Nach zwei Stunden in der Luft war ich selbst innerlich nie dort angekommen, alles war stressig, beim Heimflug dasselbe, und in den Träumen schleppte ich die eben verlassene Welt noch zwei Nächte lang mit. Da begann ich, mit dem Zug zu reisen, und das ist wunderbar. Die Strecke zwischen der Schweiz und Südostrumänien er-streckt sich über 2000 Kilometer und schenkt mir 30 Stunden Freiraum und echte Ruhe und Erholung. Seit ich mit der Eisenbahn reise, kann meine Seele eher folgen und ist jederzeit gerade dort, wo mein Körper sich befindet. Der Raum, die Grenze zwischen den beiden Ländern ist mir zu einer ganzen Welt geworden.

Wenn das verschlungene Grenzland noch von Hopfenranken durchsetzt ist, dann dauert der Weg noch länger, und Geduld ist gefragt.

Hopfen

Zäheren Lebenswillen als bei dieser Schlingpflanze habe ich kaum je beobachtet. Die spargelähnlichen Spitzen sind nicht nur ein Genuss, sondern wir essen damit zugleich etwas von diesem Lebens-willen. Ihre Überlebensstrategie wendet die Pflanze nicht bloß in schwierigen Situationen an, sondern immer! Im Gegensatz zur Waldrebe, den Nielen, müssen die Jungtriebe des Hopfens jedes Jahr von zuunterst am Boden die viele Meter lange Reise in die Höhe machen. Jene, die an einer Strauchrute oder am eigenen Klettergerüst vom Vorjahr wach-sen, haben das große Los gezogen, denn so können sie wie Schlangen in atemberaubendem Tempo nach oben ranken; und gerade diese Triebe sind am dicksten. Die andern schießen nur schüchtern in den leeren Raum über ihnen, schüchtern und verzweifelt einen Halt suchend. Aus diesem Grund bleiben diese Triebe sehr dünn und zäh; sie haben es leichter ohne Stütze. In ihrer Verzweiflung und in der Angst zu knicken, wenden sie die Richtung und wachsen wieder nach unten, sich um den eigenen Stängel rankend; im zweiten Versuch hält dieser Doppelstiel schon besser. Oder sie erahnen mit fein-magnetischem Gespür einen nahen Grashalm, wenden sich dorthin und packen das »Zwischen-geländer«, ohne zu fragen.

Wohngemeinschaften sind auch im Pflanzenreich komplizierte soziale Abenteuer, mit Übergriffen und Konkurrenzen, aber auch mit Konzessionen und guten Teams.

Hopfentriebe »Hexensträhnen«

Weißwein- oder Kräuteressig

Weißwein, gleiche Menge wie Essig

1 Knoblauchzehe, gehackt, pro 100 ml Flüssigkeit

Salz oder Kräutersalz

dicke Triebe von Hopfenpflanzen, die dank guten
Stützpflanzen schnell in die Höhe wachsen,
15–20 cm lang

wenig Olivenöl

Essig und Wein mit dem Knoblauch und etwas Salz
aufkochen. Die Hopfentriebe portionenweise, jeweils
eine Handvoll, in den Sud geben und 2–3 Minuten
köcheln lassen. Herausnehmen und erkalten lassen.
Am Schluss die gekochten Triebe in ein verschließbares Glas geben. Mit dem erkalteten Sud
und zuletzt etwas Olivenöl begießen.
Diese »Hexensträhnen« passen zu allen Gerichten,
die von Essiggemüse begleitet werden.

Hopfengemüse

Aromatisch, dekorativ und grellgrün ist dieses
schlichte Gemüse.

3 Handvoll schlanke Hopfentriebe
von Jungpflanzen ohne Stütze, 10–15 cm lang

Kräutersalz

1 Esslöffel Butter oder Olivenöl

Die Hopfentriebe in kochendem Salzwasser
2–4 Minuten überwallen. Absieben und mit Butter
oder Olivenöl verfeinern. Sofort anrichten.
Variante: Auf dem Teller mit den Hopfentrieben
ein Nest bilden und in die Mitte ein Spiegelei auf
Rösti oder Toastbrot setzen.

Hopfentriebe.

Winterkarotten, mit gekochten Hopfentrieben umwickelt.

Karottengemüse mit Hopfenband

Dünne Triebe von kleineren Pflanzen, die ab Boden wachsen, sind dafür gut geeignet.

3 Handvoll dünne lange Hopfentriebe

½ l Bouillon oder Wasser mit Kräutersalz

½ kg Karotten

20 g Butter oder Olivenöl

Die Hopfentriebe 5 Minuten in der Bouillon kochen, dann herausnehmen.
Die Karotten schälen und in 5–8 cm lange Stäbchen schneiden. In derselben Bouillon weich kochen.

Je 3–4 Hopfentriebe nebeneinander auslegen und 4–5 Karottenstäbchen darin einwickeln.
In einer Pfanne Butter oder Olivenöl erwärmen und die Bündel darin wenden.

Und was wächst in solchen Grenzlandschaften am Boden? Im Frühling sind es dicht begrünte Ränder, in denen sich Spinnen, Raupen und Schmetterlinge tummeln, abwechselnd mit nackten Stellen, die für das Bodengrün zu wenig Licht und oft auch kaum Wasser erhalten. Umso mehr verdichtet sich sämtliches Leben am eigentlichen Rand, so als wollte es die Blößen bedecken, die Intimität des Innenraums schützen.

Knoblauchhederich

Wo Wiese in Heckenboden übergeht, da räumen die Graspflanzen rasch das Feld und überlassen es gemischten Gruppen von aromatischen Küchendelikatessen wie Gundermann, Brennnesseln oder Giersch. Aber auch für (Knob-)Lauchhederich und Wildlauch: Diese beiden treuen Gefährten spannen nicht nur gern im steinigen Strauchland zusammen, sondern auch kulinarisch. Das sehr zarte Knoblaucharoma des Hederichs und der extrem starke Geruch des wilden Frühlingslauchs verbinden sich in einer Vinaigrette aufs Beste.
Während der Knoblauchhederich im freien Gelände seinen Standort dauernd wechselt, bleibt er im schattigen Schutz der Hecke am ehesten sesshaft. In zu heißen oder sehr kalten Aprilmonaten gedeiht er hier gleichermaßen wohlbehütet, oft in Gemeinschaft mit Lauch. Übrigens ist auch immer das Schöllkraut mit seinen gelben Blüten und dem gelbem Stängelsaft mit von der Partie, eine heimische Heil- und Giftpflanze.

Hecken-Vinaigrette

Knoblauchhederichblätter und Wildlauchstängel
samt Zwiebeln, in etwa gleicher Menge
....
Olivenöl
....
Salz
....
etwas Wein- oder Kräuteressig

Knoblauchhederich und Lauch waschen und zähe
Schaftteile im unteren Bereich entfernen, aber alles
Grüne verwenden. Beides klein schneiden und in
ein hohes Gefäß geben, Öl und Salz beifügen und
mit dem Stabmixer zerkleinern; dabei so viel Öl
nachgießen, bis eine helle grüne Paste entstanden
ist. Etwas Essig dazugeben und umrühren.
Die Paste zugedeckt 2–3 Wochen ziehen lassen.
Ab und zu umrühren, um Gärung und Schimmeln
zu verhindern – auch dabei braucht es eine gütige
Begleitung. Später im Keller oder in kühler Vorrats-
kammer lagern.

Hecken sind schwieriger zu durchdringen als Waldränder. Die alten Germanen bauten als Landwehr,
zum Schutz vor den römischen Angreifern, meter-
dicke und ineinander verstricktes Buschwerk (Hage).
Nichts trennt so sehr zwischen Hier und Dort,
Diesseits und Jenseits wie die Hecke. Ein starkes
Grenzland, wie es auch im Sterben erfahren wird.

Das Sterben meiner 97-jährigen Mutter zog sich
lange hin, über etwa zwei Monate. Die letzten zwei
Wochen war der Tod schon zu Gast, nistete sich
langsam im Gesicht ein. Der Zeitpunkt des Über-
gangs war nicht auf Minuten genau festlegbar.
In den paar Tagen danach, als die Leiche noch auf
dem Bett liegen bleiben durfte, besuchten wir
Kinder sie immer wieder; wir sprachen jedes Mal im
Flüsterton, das heißt: Wir merkten, dass sie als
Person erst im Gehen, also noch da war. Grenzland
zwischen Hüben und Drüben.

Kein Wunder, dass Hagazussa, die Hag-Frau
(oder das Zaunweib), die Hegse oder Hexe seit
Urzeiten die Grenzen hütet und begleitet: geo-

Heckendickicht
im Winter.

grafische und jahreszeitliche Übergänge und auch jene zwischen Leben und dem, was vorher und nachher ist, Hebammen und Totenbegleiterinnen. Spezielle Hecken sind in steinigen voralpinen Landschaften entstanden: Unsere Vorfahren haben zuerst den Wald gerodet, um das Land urbar zu machen, und dann bei der Feldarbeit die Steine jeweils an den Rand des Grundstücks geworfen, wohl viele Generationen lang. Die Steinwälle wurden schnell von Getier und Gesträuch in Beschlag genommen und blieben bis heute Wildreservate.

Majoran oder Dost

»Dost« tönt sehr knapp und trocken für ein Gewürz, das ein dermaßen melodisches Aroma entfaltet! Majoran tönt musikalischer – botanisch geht es um die Oregano-Familie. Obwohl dieses einheimische Gewürz an warmen Wald- und Heckenrändern üppig gedeiht und von Juni bis Oktober gesammelt

werden kann, ist es bei uns wenig bekannt. Sein intensives Aroma zeigt sich beim Reiben der Blätter und noch viel mehr nach dem Einlegen in Öl; auf diese Weise hält er den dominanten Mittelmeergewürzen problemlos die Stange. Majoran gehört zu jenen Pflanzen, die in Wildform größer und aromatischer sind als in kultivierter Form. Wenn ich im Keller ein Glas mit der Paste vom Vorjahr öffne, entfaltet sich ein ungeahntes Aromabouquet. Solche Vorräte habe ich immer im Haus, vor allem für unerwartete Gäste, denen ich so Teigwaren, Suppen, Gratins oder Partybrot mit der köstlichen Majoranpaste anbieten kann. Für ein pikantes Biskuitgebäck ersetze ich einfach die Buttermenge durch Kräuterpaste und den Zucker durch wenig Paniermehl oder/und geriebenen Hartkäse.

Dost im sommerlichen Pflückstadium

Zuchetti oder Tomaten mit Waldrandfüllung

Ein kleiner Fund und eine große Delikatesse ergeben eine ganze Mahlzeit.

> 2 Zuchetti, längs halbiert, oder 16 Tomaten-
> hälften
> kleine Käsescheiben
> FÜLLUNG:
> 1 Tasse Speckwürfelchen
> wenig Bratöl
> 4 Knoblauchzehen, gepresst
> 1 Tasse frische Majoranblätter (und -blüten)
> 2 Tassen Milch
> 2 altbackene Semmeln, zerkleinert
> 1 Ei
> Salz

Für die Füllung die Speckwürfel glasig braten. Knoblauch und Majoran dazugeben und mit der Milch ablöschen. Diese aufkochen und das Brot beifügen. Erkalten lassen. Dann das Ei und, falls nötig, etwas Mehl daruntermischen. Abschmecken. Inzwischen die Zuchetti in Salzwasser halb weich kochen und das Innere etwas eindrücken (Tomaten nur leicht aushöhlen). Die Gemüsehälften in eine Gratinform setzen und die Füllung darauf verteilen, mit dem Käse belegen. Im Backofen bei 200 Grad 20–30 Minuten gratinieren.

Majoranpaste

Basis für viele Gebäcke und Gerichte. Es können Blüten und Blätter verwendet werden, die Blätter haben jedoch mehr Aroma.

> Majoranzweige, möglichst ohne Verästelungen
> Oliven-, Raps- oder Sonnenblumenöl
> Salz
> Knoblauch, gehackt, nach Belieben

Die Majoranblätter von den Zweigen zupfen und mit einem Messer gut zerkleinern. Mit Öl, Salz und nach Belieben Knoblauch in ein weites Glas mit Schraubdeckel füllen und mit einer Gabel alles gut durchmischen. Dann die Masse gut zusammenpressen und die Gläser mit Öl auffüllen, bis die Masse gut bedeckt ist. Bei der Verarbeitung von großen Mengen können die Blätter auch mit Öl und Salz maschinell gemixt werden.
Die Paste während der ersten 8–10 Wochen im Auge und im Herz behalten: hin und wieder öffnen, umrühren und Öl nachgießen. Wenn die Blätter ihr ätherisches Ölgeheimnis preisgeben, schätzen sie dabei begleitende Gedanken und viel Güte. So wird die Kräuterpaste auch weniger von Schimmelpilzen heimgesucht. Später kann man die Würzpaste dunkel und kühl im Keller lagern. Sie bleibt so bis 2 Jahre haltbar, wobei das Aroma immer intensiver wird.

Waldrandplätzchen und Waldrandschnecken.

Waldrandteppich

> Fertig ausgewallter Blätter- oder Kuchenteig,
> rund oder eckig
> wenig verquirltes Ei
> 2–3 Esslöffel Majoranpaste (Rezept Seite 43)

Den Teig auf ein mit Backpapier belegtes Blech legen. Mit etwas Eiweiß bestreichen. Die Paste daraufgeben und mit einem Löffel gleichmäßig verteilen. In der unteren Hälfte des Ofens bei 200 Grad 5–10 Minuten backen. Schmeckt heiß, lauwarm und kalt, am besten draußen im Garten oder auf dem Balkon gleich selbst Stücke davon abbrechen.

Variante Waldrandplätzchen: Den belegten Teig mit einem scharfen Messer in kleine Drei- oder Vierecke schneiden. Nach dem Backen die Teile voneinander brechen. Oder: Größere Teile schneiden und die Ecke einklappen.

Variante Foccacia: Als Unterlage einen Pizzateig nehmen und das Eiweiß weglassen.

Waldrandschnecken

Die etwas kultivierteren Apérohäppchen.

> Fertig ausgewallter Blätter- oder Kuchenteig,
> rechteckig
> FÜLLUNG:
> 2–3 Esslöffel Majoranpaste (Rezept Seite 43)
> 2 Esslöffel Paniermehl
> etwas geriebener Käse, nach Belieben
> 1 ganzes Ei
> Salz, falls nötig

Die Zutaten der Füllung gut miteinander vermischen; Vorsicht beim Würzen, denn die Paste enthält bereits Salz.

Den Teig auf der Arbeitsfläche auslegen und die Füllung gleichmäßig darauf verteilen. Den Teig von einer Längsseite her satt einrollen. Die zweite abschließende Längskante mit Wasser befeuchten und festdrücken. Die Rolle in Pergamentpapier einwickeln und tiefgefrieren.

Vor der Verwendung sollte die Rolle halbwegs aufgetaut sein. Dünne Rädchen abschneiden und bei 200 Grad in der Mitte des Ofens backen. Lauwarm servieren.

Hochsommerliches Kräutersalz

Nach der Sonnenwende beginnt die Zeit der großen Hitze und der ätherischen Öle.

> Blätter und Blüten von wildem Majoran
> und Thymian
> wenige Blätter Gundermann
> Blüten- und Samenstände von ausgereiften
> Brennnesseln
> Meersalz, fein gemahlen

Die Kräuter an einem schattigen warmen Ort trocknen lassen. Dann mit dem Salz zusammen zerbröseln und sehr fein pürieren. Dies gilt für größere Vorräte.

Kleinere Mengen der Gewürzmischung können frisch mit dem Salz püriert und als Mixtur auf einem Papier am Schatten getrocknet werden. Das Salz soll danach grün aussehen und mehr nach Kräutern als nach Salz schmecken!

Blaue Brombeere.

Farbenpracht im Herbst

Der Salomonssiegel streckt seine matten, stahlblauen Beeren in die Höhe und prüft mit raffinierter Methode, ob die Vorbeigehenden ihn von den Schlehen oder den blauen Heckenbrombeeren unterscheiden können, denn er wächst am selben Ort und zur selben Zeit. Neckisch brüstet er sich als giftiger Doppelgänger neben den essbaren Nachbarinnen. Dasselbe gilt für die schwarzen Liguster- und Holunderbeeren und – ganz bekannt – für Bärlauch und Herbstzeitlose bzw. Meieriesli. Alle drei Doppelgängerspiele finden am Waldrand statt.

Brombeeren

Sie gehören schon wegen ihrer dunklen Farbe zum Wald! Brombeeren tragen sinnigerweise immer Dornen, sie geben dieser Frucht ihre eigene Würde und verlangen beim Ernten entsprechende Sorgfalt. In Mitteleuropa sind drei Sorten heimisch: Die großen, den Gartenfrüchten ähnelnden Brombeeren bedecken den Boden von feuchten Fichtenwäldern; kommen sie am Waldrand vor, ranken sie sich platzgreifend viele Meter in die Bäume hinauf, verstecken ihre riesigen Beeren aber möglichst im Schatten. In trockenen und voralpinen Landschaften kriechen die Brombeeren den Heckenrändern entlang; die Ranken sind dünner, die Dornen kleiner und die Früchte milder als bei der schwarzen Waldbrombeere. Im Süden Europas wachsen schwarze Brombeeren auch außerhalb des Waldes und bilden ein dichtes Strauchgewebe mit Früchten, die klein bleiben und herb-bitter schmecken.

Waldbrombeerkompott

Gekocht munden auch die herben Beerensorten.
Farbe und Aroma werden dadurch intensiver.
Sie schmecken lecker in Joghurt, Quark, Cremen
und erhitzt zu Glace.

½ kg Waldbrombeeren
50–100 g brauner oder weißer Zucker
100 ml Wasser

Die Beeren mit 50 g Zucker und dem Wasser aufkochen und 10 Minuten köcheln lassen. Probieren
und nach Bedarf eventuell noch nachsüßen (die
Süße variiert bei wilden Brombeersorten sehr stark).
Heiß in vorgewärmte Gläser mit Schraubdeckeln
abfüllen oder für den sofortigen Gebrauch auskühlen lassen.

Fruchtiger Heckendschungel im Herbst.

Brombeer-Schokolade-Gebäck

110 g weiche Butter

1 Prise Salz

150 g Rohrzucker

2 ganze Eier

2 Esslöffel Kakaopulver

1 Tasse Brombeerkompott oder 1–2 Tassen
frische oder beschwipste Brombeeren
(von einem selbstgemachten Brombeerlikör)

220 g Weißmehl

1 Teelöffel Backpulver

Butter, Salz, Zucker und Eier sehr gut verrühren.
Das Kakaopulver und anschließend das Brombeerkompott darunterrühren und zuletzt Mehl und Backpulver darunterheben. Den flüssigen Biskuitteig in
eine gebutterte Springform von 24 cm Durchmesser
oder auf ein rundes Kuchenblech von 28–30 cm
Durchmesser geben. In der Mitte des vorgeheizten
Backofens bei 180 Grad etwa 20 Minuten backen.
Tipp: Die flache Form hat den Vorteil, dass die Beeren nicht so weit absinken können.

Sanddorn

Sandig fühlen sich meine Finger beim Pflücken an,
und sandigen Boden haben die Stauden auch am
liebsten unter den »Füßen«. Im lichten Gehölz von
Flussauen und an buschig-trockenen Berghalden
sind sie zu finden. Sanddornbeeren erhellen das
Gemüt mit königlicher Freude; das grelle, fröhliche
Orange der Beeren leuchtet von Weitem an den
Ästen und ebenso im gekochten Saft.
Die langen Spieße an den Zweigen mit den Beeren
gebieten Respekt und verlangen höchste Konzentration beim Pflücken; die paar Stiche, die man
trotzdem abbekommt, sind den Preis wert. Am

besten wird Sanddorn, wenn den Früchten durch
Kochen Aroma und Farbe entlockt werden. Vitamine
sind immer noch genügend vorhanden! Erntezeit ist
ab Ende August; die Beeren sollen orangefarben
sein, doch noch so fest, dass sie beim Pflücken nicht
zerfallen.

Kalter Sanddorn-Apfeldrink
Erfrischt und weckt.

1 Tasse Sanddornbeeren, frisch oder aufgetaut

2 Esslöffel Honig

200 ml Apfelsaft

300 ml Wasser

Die Sanddornbeeren mit wenig Wasser erhitzen und
durch ein Sieb streichen. Mit flüssigem Honig verrühren und abkühlen lassen. Den Sanddornsaft mit
dem Apfelsaft mischen und mit Wasser in beliebiger
Menge verdünnen.

Tipp: Dieser Drink weckt am Morgen und erfrischt zwischen anstrengenden Sitzungen oder Kopfarbeiten.

Sanddorncreme

Als Gelee oder Konfitüre pur auf dem Butterbrot ist Sanddorn fast zu gut, zu kräftig.

> 1 reife Banane
> 2 Becher Joghurt nature (360 g)
> ½ Tasse Sanddorngelee, nach Grundrezept
> Seite 11
> 2 Eiweiß

Die Banane mit einer Gabel zerdrücken, mit dem Joghurt und dem Sandorngelee gut verrühren und 1 Stunde stehen lassen. Dann die Eiweiße steif schlagen. Die Creme nochmals durchrühren und den Eischnee darunterziehen.
Variante: Statt Eischnee zerbröselte Meringues daruntermischen.

Reife Sanddornbeeren.

Schnelle Sanddorn-Joghurt-Creme

Ein kleiner Fund und wenig Arbeit!

> 1 Tasse reife Sanddornbeeren, frisch
> oder aufgetaut
> 2–3 Becher Aprikosen- oder Bananenjoghurt
> (ca. 400–500 g)

Beeren und Joghurt zusammen mit dem Stabmixer pürieren und sofort genießen!
Die Kerne der Beeren sind so klein, dass sie beim Essen nicht stören.

Später Herbst in der Hecke

Jetzt, im späten Herbst wirken die Hecken geisterhaft und nackt. Im Frühling blühen sie zart und scheu, im Sommer flößen sie uns mit ihrer Fülle an Grün und ihrer Dichte (auch an tierischem Leben) fast etwas Angst ein, im Herbst dann leuchten sie frech wie ein reifes Weib, das sich noch zu schmücken wagt: rote Beeren aller Sorten, von Schneeball, Berberitze und dem giftigen Pfaffenhut – der sich aber im Herbstbouquet ausgezeichnet macht – über das helle Blau der wilden Pflaumen oder Schlehen und die Heckenbrombeeren bis hin zum schwarzen Glanz von Liguster, Hartriegel und Dolden von schwarzen Holunderbeeren. Und das kombiniert mit dem Farbenreigen der herbstenden Blätter! Von den Hagebutten in schreiendem Rot ganz zu schweigen; sie halten ihr rotes Feld bis in den Mittwinter hinein! Sie sorgen für reichlich Vitamin C, aber auch einfach für die schiere rote Lust im Mund, wenn ich sie im Winter, frisch aufgetaut ab Strauch, in den Mund stopfe.

Berberitze

Die dornigen Stauden der Berberitzen oder Spitz-
beeren wachsen in verwilderten Hecken und
anderen Randlandschaften, aber auch in lichten
Auenwäldern. Wie die meisten Herbstbeeren entfalten die länglich-spitzen Beeren ihr volles Aroma und
ihre Farbpalette erst nach dem Kochen. Die königs-
lichen Beeren aus freier Wildbahn schenken mir
ihre ganz eigene Persönlichkeit, ihr Aroma, ihre
Farbe, ihre Konsistenz im Mund, ihre bittere, saure
oder sonstige ureigene Botschaft – ein pedantisch
genau gemessener Vitamingehalt wird da zweit-
rangig. Mit ihrer Lust und ihrer Schönheit heilen sie
beim Essen und Trinken ganzheitlich. Gepflückt
werden am besten die ganzen Beerenrispen zum
Entsaften oder vorherigen Einfrieren. Die größten
und schönsten Beeren werden zuhause sorgfältig
von den Stielen gezupft und separat eingefroren.
Erntezeit ist ab Mitte September.

Berberitzenlikör »Bergblut«

> 500 ml Süßsaft aus Berberitzen,
> nach Grundrezept Seite 11
> 500 ml Wodka

Beerensaft und Wodka mischen und in Flaschen
abfüllen. Die Flaschen vor dem Öffnen kurz stürzen.
Tipp: Berberitzensaft bald nach der Herstellung
weiterverwenden oder genießen, denn nach
6–8 Monaten geht das leuchtende Rot leicht in
Braun über.

Berberitzen-Sablés

Ein einfaches Rezept für einen kleinen Beerenfund
von einem Spaziergang.

> 125 g weiche Butter
> 150 g Zucker
> 1 Prise Salz
> 1 Ei
> 1–1½ Tassen abgestielte Berberitzenbeeren
> 200 g Mehl

Butter, Zucker, Salz und Ei zu einem Teig rühren.
Die Beeren daruntermischen und zum Schluss das
Mehl beifügen. Den Teig zu Rollen formen und
mehrere Stunden einfrieren. Die Teigrollen in ½ cm
dicke Scheiben schneiden und diese auf ein mit
Backpapier belegtes Blech legen. Im auf 200 Grad
vorgeheizten Backofen etwa 10 Minuten backen.
Die knackigen, erfrischenden Beeren ersetzen das
übliche Orangeat oder Nüsse.

Herstellung des Teigs
für Berberitzen-Sablés.

Berberitzen: Beeren, Schnaps und Sablés.

Schnelle Variante: Den Teig vor dem Beifügen des
Mehls mit 1–2 Esslöffeln Milch verflüssigen. Zum
Backen direkt auf ein mit Backpapier belegtes Blech
streichen. Nach dem Backen den noch warmen
Teig mit einem scharfen Messer in mundgerechte
Stücke schneiden.

Sauer-süße Berberitzensauce

Diese freche rote Sauce passt gut zu Wildfleisch oder Fondue Chinoise.

1 Tasse abgestielte Berberitzenbeeren

1 Tasse kräftiger Rotwein

2 Esslöffel Weinessig

3 Esslöffel Zucker

½ Teelöffel Salz

1 Knoblauchzehe, gerieben oder gehackt

1 Teelöffel Ingwerpulver

⅓ Teelöffel Chilipulver

3 Spritzer Worcestersauce

3 Teelöffel Tomatenpüree

Alle Zutaten in einem kleinen Topf aufkochen und dann bei reduzierter Hitze ohne Deckel ½ Stunde köcheln lassen. Anschließend mit dem Stabmixer pürieren und heiß in kleine Gläser mit Schraubdeckel abfüllen. Haltbarkeit: 2 Jahre.
Variante Berberitzenmousse: Mit etwas Tomatenpüree und Frischkäse vermischen. Nach Belieben in kleine vorgebackene Mürbeteigförmchen füllen und mit frischen Berberitzenbeeren, falls verfügbar, bestreuen.

Schlehen

Die einheimischen Wildpflaumen enthalten wahrscheinlich das vielschichtigste Geheimnis aller Früchte im Jahreskreis, denn sie brauchen am längsten zum Reifen: Der Schwarzdorn blüht fast als Erster unter den Heckensträuchern und fruchtet als Letzter; die Schlehen hängen bis im November an den nackten Zweigen und sind dann am besten zum Roh-Genießen. Getrocknet und mit Vogelbeeren gemischt, die seit Urzeiten als Vitamin- und Aufbaustoff für Notzeiten und lange Reisen aufbewahrt

wurden, sehen sie wunderschön aus – dunkelviolette Erdkraft neben feuriger Vitalität! Es kommt allerdings nur alle paar Jahre vor, dass die Blüten in größerer und sichtbarer Menge zu Früchten werden; dann aber fruchten ganze Regionen. Solche Rhythmen sind wohl kosmisch bedingt und haben ihre eigenen Gesetze.

Schlehenessig

Dieser süße, violette Essig passt zu allen leicht bitteren Wintersalaten.

500 g Schlehen

300 ml Wasser

6 Lorbeerblätter

1 Teelöffel Korianderpulver

1 ganze Knoblauchknolle, klein geschnitten

1 l Rotweinessig

600 g Honig

Die Schlehen mit dem Wasser und den Würzzutaten bei kleiner Hitze aufsetzen und langsam auf den Siedepunkt bringen, dann sofort absieben und in Gläser mit Schraubdeckel abfüllen. Den Sud zusammen mit dem Essig und dem Honig aufkochen und heiß über die Schlehen geben. Die Gläser verschließen und 5 Tage ruhen lassen.
Dann die Flüssigkeit aus den Gläsern abgießen, nochmals erhitzen und wieder über die Früchte gießen. Diesen Vorgang noch zweimal wiederholen. Am Schluss den Essigsud absieben. Zusammen mit Salz und einem milden Öl (kein Olivenöl!) ergibt er eine fertig gewürzte Salatsauce.

Reife Schlehen (Wildpflaumen).

Heißer Königsdrink

Die beiden intensivsten Herbstfrüchte von Wald und Hecke: Kombiniert im Winter zu genießen!

100 ml Sanddornelixier
200 ml Schlehenelixier
500 ml Wasser

Um die Elixiere herzustellen, Sanddornfrüchte und Schlehen, frisch oder aufgetaut, getrennt mit Wasser knapp bedeckt in einen Topf geben und aufkochen. Lauwarm abkühlen lassen und dann in einem Passiertuch oder einem Leinensack den Saft von Hand auspressen. Die Schlehen brauchen viermal mehr Kraft zum Pressen und Auswringen. Den Saft mit Bienenhonig im Verhältnis 2:1 heiß aufkochen und in Flaschen abfüllen. Haltbarkeit: 1–2 Jahre. Für einen Drink die beiden Elixiere im angegebenen Verhältnis mischen und mit heißem Wasser verdünnen.

Schlehenlikör »Abschied«

200 ml Schlehenelixier (siehe Rezept links)
200 ml Zwetschgen- oder Pflaumenbrand

Saft und Schnaps mischen und in Flaschen abfüllen. Vor dem Öffnen die Flasche kurz stürzen.

Links: Gedörrte Schlehen
und Vogelbeeren.
Rechts: Farbige Beeren
und Säfte aus wilden Hecken.

Kraftbonbons für den Winter

**Späte Schlehen, durch Rauhreif »gezähmt«,
entstielt**

Die Früchte auf dem Dörrapparat langsam trocknen
lassen, bis das Fleisch hart ist. Auskühlen lassen
und in Stoff- oder Papierbeuteln aufbewahren.
Durch das Trocknen verflüchtigt sich die Oxalsäure
wie bei den Gartenpflaumen auch. Die Bonbons
haben mehr Stein als Fleisch, liefern dafür aber viel
Aroma beim Lutschen!

Heckenkraft für Grenzgänge

Heilende Nahrung bei Trennungsschmerz und
Trauer. Zum Knabbern am Totenbett.

**Getrocknete Schlehen
getrocknete Vogelbeeren**

Am besten haben Sie einen Vorrat an Beeren bei
sich und essen und lutschen hin und wieder davon.
Die Früchte am Totenbett zum Knabbern herum-
geben oder während der Abschiedsfeier in der Runde verteilen.
Schlehen schenken durch die Verbindung mit der
Erde Trost und Geborgenheit, Vogelbeeren helfen,
die bevorstehende Reise gestärkt anzugehen. Die
kombinierte Beerenbotschaft passt für beides, für
hüben und drüben. Schon die Wikingerfrauen gaben
ihren Männern getrocknete Vogelbeeren mit auf
lange Meeresfahrten, aber auch den Toten für eine
andere Reise.

Unkraut: Im Garten, um Haus und Hof

Jätsucht una

Dornröschenwald

Unkraut: Das Wort hat weder mit Unordnung noch mit Nicht-Kraut zu tun. In seiner ganzen Tiefe wird das Unkraut erst verständlich durch verwandte Wortbildungen wie etwa Untier: Da ist ein Tier so groß, dass es mir Angst macht. Ein Unmensch gebärdet sich so extrem, dass er zur ernsthaften Bedrohung wird. Und wenn jemand sein Unwesen treibt, ist dies nicht nichts, sondern etwas besonders Übles. Zum Unkraut werden Pflanzen, die mich unaufgefordert besuchen und mein Zuhause derart bedrängen, dass meine Blumenrabatten und Gemüsebeete darin zu verschwinden oder gar zu ersticken drohen. Wenn dann das unbändige Grün meine Fensterläden an der Hauswand überwuchert, wenn freche Pflanzentriebe in Ritzen schlüpfen und das Holzgefüge lockern, wenn sie gar durch mein offenes Schlafzimmerfenster ins Innere dringen – dann spätestens weiß ich, dass eine Unmenge von gesundestem Grün mich heimsuchen will, und dies mit unbremsbarer Lebenskraft. Wildpflanzen in meiner Nähe kann ich aber soweit bändigen, dass sie weiter ihr Wesen treiben und leben dürfen. So wie auch Unmenschen wieder zu umgänglichen Menschen, Untiere in Tiere verwandelt werden können.

»Kultur« wird von wildem Grün
verhüllt und einverleibt.

Unkraut im Gemüsegarten: Ein Heimspiel

Im Garten findet ein ständiges Begegnen und Ineinanderfließen von Kultur und Wildnis statt, von einheimischen und fremden Pflanzen. Kaum ist das Gemüsebeet im Frühling mit der Hacke vorbereitet, mit Kompost oder altem Mist angereichert und das Saatgut nach Maria Thuns Kalender darin versenkt, geht's los: Grünes schießt sofort aus dem Boden, aber nicht das, was ich gesät habe! Als Erstes keimen kleine Vogelmieren, Löwenzahn, Wiesenklee, Gräser, und sie finden es toll, dass ich durch das Auflockern des Bodens auch ihnen eine Starthilfe gegeben habe. Wenig später folgen Zaunwinden, Knöterich, Gänsefuß und einige Unbekannte; inzwischen haben sich auch der Bärenklau und die Blacken (der langblättrige Ampfer) von meinen ersten Ausreißattacken erholt und rappeln sich umso mutiger zum Licht empor.

Wenn dann irgendwann einmal nach zwei bis sechs Wochen endlich die gekauften Salat-, Rettich-, Dill- und Möhrensamen ihre kleinen Grünkeime an die Oberfläche schicken, treffen sie auf eine lustige, große Bande von Jungpflanzen, die sich alle schon lange kennen. Immerhin spenden sie den Neulingen etwas Schatten. Allerdings rücken die Wilden nicht höflich zur Seite, wenn die Neuen kommen, sondern verteidigen ihr Revier.

Spätestens jetzt muss ich mit dem Jäten beginnen, um ebenfalls mein Revier zu verteidigen und mein Gemüse zu retten. Ich muss den armen Randen und Lauchstängeln doch eine Chance geben, einen geschützten Raum schaffen, wenn sie gedeihen sollen und mir große Exemplare für den Winter liefern sollen. Jäten heißt bei mir, ein soziales Gleichgewicht herzustellen, überbordende Wildpflanzen zurückzudrängen: Die einen kommen ins Küchensieb, die andern in den Kompostbehälter, und einige Hartnäckige werfe ich auf den Haufen für die Gründeponie. So verschwindet das ansäßige Wildgrün nur zeitlich begrenzt, kommt dann bald wieder zurück und bleibt so im natürlichen Kreislauf.

Logischerweise kennen die »eingeborenen« Kräuter den Boden und das hiesige Klima besser als meine gekauften Gemüsepflanzensamen, bei denen noch dazu der Leistungsdruck in den Genen hockt. Die Unkräuter wohnten hier seit eh und je, schon bevor die Menschen sich niedergelassen haben und anfingen Häuser zu bauen und Gärten anzulegen.

Vogelmiere

Klein und zart, aber oho! Vogelmieren kriechen immer als Erste über meine Gartenbeete. Einmal haben sie meinen Kartoffelacker in einen dicken grünen Teppich verwandelt, sodass die Triebe der gesetzten Kartoffeln für jenes Jahr keine Chance mehr hatten. Seither weiß ich, dass Vogelmieren solange am Wachsen gehindert werden müssen, bis die Kartoffelpflanzen aus der Erde sind und eine gewisse Höhe erreicht haben. Dieses Jäten kann ich auch in guter Freundschaft und ohne Bosheit tun, denn die grünen Ranken des Vogelkrauts munden sehr gut zum Essen, vor allem in Verbindung mit anderen Frühlingsblättern oder zusammen mit einem Gartensalat. Für sich allein schmeckt das Kraut etwas scharf-bitter, so wie Garten- und Brunnenkresse oder Scharbockskraut. Damit gehört die Vogelmiere zu den klassischen Vorfrühlingspflanzen, die uns den Winter aus den Knochen treiben, im wörtlichen und im übertragenen medizinischen Sinn. Aus einer frischen Neunkräuter-Wiesenpaste (siehe Geblümte Wiesenbrote, Seite 18) ist sie als Bestandteil nicht wegzudenken.

Vogelmiere, auch »Hühnerdarm« genannt.

Wichtig: An sonnigen Standorten bilden Vogelmieren nur kleine Blättchen, dafür umso schneller Blüten, sind dann aber zu bitter für den Genuss. Essbar und schmackhaft sind ganz junge, saftige Stiele mit relativ großen Blättchen, möglichst bevor die weißen Blütensternchen sich öffnen. An schattig-feuchten Stellen kann das im Sommer noch der Fall sein.

Vogelmierensalat

Im Verbund mit milden Salatsorten ersetzt das Vogelkraut fast jedes weitere Gewürz.

> **Frische Vogelmierenranken**
>
> **Kopfsalat oder ähnlich milder Blattsalat,**
>
> **doppelte oder dreifache Menge der Vogelmieren**
>
> **Essig und Öl für die Salatsauce**
>
> **flüssige Soja-, Hefe- oder Maggiwürze statt Salz**
>
> **etwas Rahm zum Verfeinern**

Die Vogelmieren in 3–5 cm lange Stücke zupfen, die Salatblätter ebenso, und beides waschen.
Für die Salatsauce Essig und Öl mit der Würze verrühren (Soja-, Hefe- oder Maggiwürze entschärfen den speziellen Geschmack der Vogelmiere besser als gewöhnliches Salz). Nach Belieben mit Rahm verfeinern, um die Pflanzenschärfe noch mehr zu mildern.

Löwenzahn

Ein Schreck für viele Gärtner und Landwirte? Doch etwas Besseres als Löwenzahnpflanzen gibt es für Wiesen und Gärten gar nicht. Mit ihren Pfahlwurzeln lockern sie selbst den härtesten Boden, und in ihrer Nähe halten sich gerne Würmer auf, die ebenfalls für gute Gartenerde sorgen. Zudem lockt ihre Samenfülle Vögel an, deren Kot als Dünger liegen bleibt. Von den Heilstoffen dieser wilden Zichorie ganz zu schweigen. Löwenzahnstöcke gehören zu den Königen der heimischen Flora. Ein Tipp fürs Jäten, falls dies doch einmal nötig sein sollte: Die Wurzeln lassen sich mit der Stechgabel gut herausheben. Dies mache ich erst im späten Herbst, denn so habe ich gleich auch noch meine »Schwarzwurzeln« für den Winter (siehe Seite 158f.); die Wurzeln werden dann in Sand im Dunkeln überwintert, aus ihnen entsteht der bleiche Blattsalat. Von den Jungtrieben im Frühling über Knospen, Blüten und Blätter versorgen uns sämtliche Teile des Löwenzahns übers ganze Jahr mit Delikatessen. Da die Pflanzen im intensiv genutzten Wiesland wegen des verdichteten Bodens eher klein bleiben, lohnt es sich, sie in Hausnähe zu halten, wo der Boden immer wieder gelockert wird.

Offene Löwenzahnblüte.

Löwenzahn-Mandala im Frühling.

Löwenzahnsalat

Mit der richtigen Sauce schmeckt die Vorfrühlings-Zichorie nicht bitter, sondern erfreut den Gaumen.

> **Blätter von dichten Löwenzahnbüscheln, im März oberhalb der Wurzel abgeschnitten**
> **gesüßte Salatsauce, um die Bitterstoffe zu überlisten**

Die Löwenzahnblätter waschen und gut abtropfen lassen. Mit einer der nachfolgenden Saucen einen Salat zubereiten, wobei die Blätter ganz belassen werden. Nach dem Waschen ringeln sie sich etwas ein, so bleiben sie locker und sehen schön aus.

– *Waldsauce:* Fichtenhonigessig (siehe Seite 104), Sonnenblumen-, Raps- oder Distelöl, Sojasauce, Kräutersalz

– *Fruchtsauce:* Schlehenessig (siehe Seite 52), Sonnenblumen- oder Rapsöl, Sojasauce, Salz

– *Einfache süße Sauce:* Balsamicoessig, Kandis- oder Rohrzucker, im erwärmten Essig aufgelöst, Sojasauce, Baumnuss-, Haselnuss- oder Sonnenblumenöl, Kräutersalz

Löwenzahn-Eintopf.

Durch die Süße werden die Bitterstoffe im Mund neutralisiert; für Leber und Galle vollbringen sie nachher wahre Wunder und tragen den Frühling auch in die wintermüden Verdauungsorgane.

Tipp: Die zartesten Blätter zum Rohessen sind jene, die aus alten, dicken Wurzelstöcken ausschlagen. Sie stehen sehr dicht und sind schon in frühem Stadium extrem stark gezähnt.

Variante: Wer sich nicht gleich in konzentriertes Löwengrün stürzen möchte, mischt ein bis zwei abgekühlte, in der Schale gekochte, in dünne Scheiben geschnittene Kartoffeln unter den Salat. Oder altbewährt: Den Salat mit aufgeschnittenen hart gekochten Eiern servieren.

Löwenzahn-Eintopf

Farbiger geht's nimmer – und das bereits im Vorfrühling, wo draußen die Farben noch kaum erwacht sind.

4 alte Kartoffeln, gekocht und geschält
6 Karotten vom Herbst, geschält, knapp gar gekocht
2 Esslöffel Bratfett oder -öl
1 Salatsieb voll große Löwenzahnblätter, vor dem Knospenansatz geerntet
150 g Schinken- oder Speckstreifchen
4 Esslöffel Brotwürfel (von altem, aber noch weichem Brot)
2 Knoblauchzehen, nach Belieben, fein geschnitten
Kräutersalz

Die Kartoffeln und Karotten in kleine Stücke schneiden und in der Hälfte des Bratfetts rundherum anbraten. Den Löwenzahn dazugeben und mitdünsten.

Inzwischen in einer kleineren Pfanne das restliche Bratfett erhitzen und darin den Schinken oder Speck mit dem Brot und dem Knoblauch knusprig braten, dann zum gedünsteten Gemüse geben. Das grelle Grün der Löwenzahnblätter leuchtet speziell stark neben dem Orange und Gelb der Bodengemüse.

Löwenzahngemüse

Das allererste Gemüse im März, wenn Schneeglöcklein und Morgenfrost sich noch mehrmals die Hände reichen.

8–10 ganze junge Löwenzahnrosetten, direkt beim Wurzelansatz abgeschnitten
4 Esslöffel Oliven- oder Bratöl
1–2 Zwiebeln, sehr fein gehackt
1 Handvoll Brotkrumen oder
1 Esslöffel Paniermehl
Kräutersalz

Die Löwenzahnpflanzen gründlich waschen und abtropfen lassen. Das Öl in einer weiten Bratpfanne erhitzen. Die Zwiebeln darin andünsten, dann den Löwenzahn beifügen und bei reduzierter Temperatur 5–10 Minuten unter häufigem Wenden dünsten. Brotkrümel und Kräutersalz beifügen und das Ganze zugedeckt 5 Minuten stehen lassen. Das Löwenzahngemüse erinnert geschmacklich an gedünstete Endivien, schmeckt aber trotz zarter Bitternote viel erfrischender und leuchtet grasgrün.

Süße Löwenfladen

So verwende ich Blütendicksaft, der noch vom
Vor- oder Vorvorjahr übrig ist.

> 220 g weiche Butter
>
> 2 Prisen Salz
>
> 150–200 g Rohrzucker
>
> 4 ganze Eier
>
> 1 Tasse Löwenzahnblüten-Dicksaft,
> nach Grundrezept Seite 10
>
> 2 Tassen abgezupfte gelbe Blütenblätter
> von frischem Löwenzahn
>
> 400 g Weißmehl
>
> 1 Esslöffel Backpulver

Butter, Salz, Zucker und Eier zu einer hellen, geschmeidigen Masse verrühren. Dicksaft und Blütenblättchen darunterrühren. Mehl und Backpulver
unter den Teig ziehen. Mit einem Löffel Teigportionen abstechen und in genügend Abstand auf ein mit
Backpapier belegtes Blech setzen. In der Mitte des
vorgeheizten Backofens bei 200 Grad 10–15 Minuten
backen.

Variante: Die Fladen nach dem Backen mit einer
Zuckerglasur bestreichen. Dieser 1 Prise Safran beimischen. Oder, wenn nur wenig frische Blüten zur
Verfügung stehen, diese in die Glasur statt in den
Teig geben.

Die einheimischen »Unkräuter« wachsen schneller,
werden weniger krank und haben in jeder Beziehung
den längeren Atem als ihre gezüchteten oder importierten Verwandten. Von ihrem alten Wissen profitieren vielleicht auch meine Samen und Setzlinge,
die ungefragt hierher gebracht wurden. Aus diesem
Grund jäte ich auch nie ganz sauber. Meine Gartenbeete sehen immer gut begrünt aus, auch ohne
Bodenbedeckungsmaterial aus dem Gartencenter.
Ich habe auch damit aufgehört, den Gemüsegarten
ständig zu bewässern und ihn so zu verwöhnen.

Eine ältere Frau in unserem Bergdorf, die wunderbares Gemüse zog, hat mir vor vielen Jahren Folgendes erklärt: »Den Pflanzen in meinem Garten gebe ich nie zusätzlich Wasser zu dem, was der Regen spendet. Gerade Wurzelgemüse wird sonst verwöhnt und macht nur kleine Wurzeln. Bei mir werden die Pflanzen gezwungen, mit ihren Wurzeln tief ins Erdinnere zu wachsen und selbst nach Wasser zu suchen. Deshalb sind meine Rüben so groß; Kunstdünger gebe ich nicht.«

Allein schon die Aussicht auf weniger Arbeit freute mich, und dass so Sommerferien ohne Gartenhüteperson möglich würden. Ab sofort hörte ich auf mit dem allgemeinen und ständigen Bewässern des Gartens – mit Erfolg. (Natürlich funktioniert das nur in gemäßigten Zonen. In steppen- und wüstenartigen Gegenden gelten andere Regeln fürs Überleben der Pflanzen.)

Später erkannte ich in dieser Haltung eine noch weiter gehende Weisheit: Zum einen die Parallele zu mir als Mensch, was Verweichlichung und Abhärtung betrifft. Zum anderen wurde mir bewusst, dass wild lebende Pflanzen ja auch nicht gewässert werden, sondern sich dank ihrer erlernten Kunst des Fastens den meteorologischen Gegebenheiten anpassen. Hinzu kommt, dass auf diese Weise ein Gartenbeet nur einmal statt zwei- bis dreimal pro Sommer die übliche Erntemenge produziert, dafür ist aber die Qualität viel besser: Erstaunlich, wie viel Energie eine Pflanze zu bündeln vermag in den Zeiten der Trockenheit! Da ist ihr Ruhe auferlegt; beim nächsten Regen explodiert dafür die ganze aufgestaute Kraft ihres Wachsens.

Nachgießen im Garten ist nur beim Einpflanzen oder Verpflanzen von Setzlingen angesagt, dort dann aber oft und so großzügig, dass sie gut eingeerdet sind. Der Schock einer solchen erzwungenen Immigration mitten im Wachstum ist für eine Pflanze enorm groß; die Gemüse oder Blumen bedürfen dann unserer seelischen Zuwendung noch viel mehr als jene, die schon vor ihrer Geburt in meinem Garten »zuhause« waren.

Es wuchert grün um Haus und Hof

»Fröhliches Chaos, wildes Paradies«, loben die einen; »beschämende Unordnung und Verwahrlosung«, schimpfen die andern und wenden den Blick ab von dem Gebäude, das von Brennnesseln, Hederich und Geißfuß gesäumt ist statt von akkurat angeordneten Flusssteinen oder eng gefügten Betonplatten rund ums Haus. Welcher Unrat sich wohl im grünen Dschungel verstecken mag, von Ungeziefer und Kleingetier ganz zu schweigen? Orgie oder Askese?

Chaos bedeutet nicht Unordnung, sondern eine andere Ordnung; sie funktioniert und bewährt sich, folgt älteren Gesetzen als jenen des Menschen. Im gefürchteten Dschungel um Haus und Hof, Autovorplatz und Remise wachsen nicht irgendwelche oder immer dieselben Pflanzen. Zuerst sind es jene, die unsere kulinarische Grundversorgung gewährleisten: Brenn- und Taubnesseln, Geißfuß, Guter Heinrich, Knoblauchhederich, Bärenklau sowie Gundermann.

Löwenzahn gehört
zur gesunden Wiesenfülle.

Brennnessel und Guter Heinrich

Schon allein diese beiden Unausrottbaren decken den Spinatbedarf für das ganze Jahr inklusive eingefrorenem Wintervorrat. Später liefern beide ihre reifen Samen als eine ganz besondere Delikatesse. Welche Entspannung für alle Gärtner und Gärtnerinnen, die früher so darauf fixiert waren, Blattpflanzen möglichst am Blühen zu hindern oder sie zumindest sicher vorher abzuernten.

Die weit verbreitete Große Brennnessel ist eine wichtige Heilbegleiterin für Körper und Geist. Sie ist zweihäusig: Es gibt also männliche und weibliche Pflanzen. Wenn die weiblichen Fruchtrispen reif sind, erkennt man den Unterschied gut; dann hängen diese schwer und dick als grüne Würmchen neben den Blättern. Wie wunderbar! Sie brennen nicht, enthalten wertvolle Öle und schmecken beim Kauen nussähnlich, speziell im gerösteten Zustand; zum Trocknen, Einfrieren oder Braten kann man sie über viele Wochen ernten, im Hochsommer, wenn sie grün, und auch noch im frühen Herbst, wenn sie leicht braun sind. Brennnesseln als Gaumenfreude beschränken sich nicht auf das frische Blattgrün.

Keine, einhäusige Brennnesel: für Gemüse verwendbar wie die Große Brennnessel.

Guter Heinrich mit Blütenständen.

Spinat »Blühender Heinrich«

Im Gegensatz zum Gartenspinat bleiben die wilden
Spinatblätter auch dann, wenn die Pflanze bereits
blüht, noch zart genug zum Kochen, und ganz
speziell mild und fleischig schmeckt der ganze
blühende Zapfen.

Große blühende Pflanzenspitzen von Wildspinat

Wasser mit Kräutersalz

etwas frische Butter

Die blühenden Pflanzenspitzen kurz im Salzwasser-
dampf oder im Wasser weich dämpfen, probieren,
ob sie gar sind, dann abtropfen lassen. In warmer
Butter kurz wenden und sofort servieren. Auf
dem Teller lassen sich die guten Heinriche kunstvoll
arrangieren, wie Spargeln oder andere Pflanzenspitzen.

Brennnesselgemüse »Hinterhof«

Brennnesseln ohne verfeinernde Zutaten sind zwar gesund, aber etwas gewöhnlich für den verwöhnten Gaumen.

2 Salatsiebe Brennnessel-Blattknospen
und große Blätter von den Zweigspitzen

20 g Butter

1 Zwiebel, fein gehackt

2 Knoblauchzehen

Salz und Pfeffer aus der Mühle

100 ml Rahm

Die Brennnesselknospen und -blätter in kochendem Wasser 2 Minuten überwallen, dann abtropfen lassen. Die Butter in einer Pfanne erwärmen, die gehackte Zwiebel darin andünsten und den Knoblauch dazupressen. Die gekochten Brennnesseln von Hand klein schneiden und auf die Zwiebeln und den Knoblauch in die Pfanne legen. Zugedeckt auf kleinster Stufe 15 Minuten ziehen lassen. Dann umrühren, mit Salz und Pfeffer würzen und mit dem Rahm verfeinern. Passt sehr gut zu gegrilltem Fleisch oder zu eher mageren Würsten.
Variante: Guter Heinrich und Brennnesseln zu gleichen Teilen verwenden. Die beiden Blattgemüse wachsen gerne in Mischkultur und tun sich gegenseitig gut. Beide enthalten Eisen und andere Stoffe, die kräftigen.

Reif fruchtende
Große Brennnessel.

Brennnessel-Chips

Zum Aperitif statt der ewig gleichen Pommes-Chips.

> Große einzelne Brennnesselblätter,
> am besten von einem schattigen Standort
> wenig Bratfett
> Kräutersalz

Den Boden einer weiten Bratpfanne mit Bratfett
einreiben. Die Pfanne erhitzen und die Blätter
darin rösten. Mit wenig Kräutersalz bestreuen und
sofort servieren.

Grünes Brot

Lustig für die Augen, schmackhaft für den Mund,
zum Beispiel belegt mit Käse oder Salami.

> ½ Würfel Hefe
> 1 Teelöffel Zucker
> 2 Tassen gekochte Brennnesselblätter
> 250 ml lauwarmes Wasser
> 200 g Vollkorn- oder Ruchmehl
> gemahlene Muskatnuss und Pfeffer
> 1 Teelöffel Salz
> Weißmehl bis zur Brotteigkonsistenz

Die Hefe mit dem Zucker verrühren und auflösen.
Die Brennnesseln mit dem Wasser zu einer sämigen
Brühe mixen. Diese mit der angerührten Hefe,
dem Mehl und den Gewürzen vermischen und den
flüssigen Teig etwa 1 Stunde gehen lassen, bis
er Blasen wirft. Dann so viel Weißmehl darunterrühren, bis der Teig Brotteigkonsistenz hat.
2–4 Stunden an einem warmen Ort gehen lassen.
Den Teig zu 2–3 länglichen Broten formen und im
auf 250–300 Grad vorgeheizten Backofen 10 Minuten
anbacken, dann weitere 40–50 Minuten bei
180 Grad fertig backen.

Oben: Leicht zu erntende Brennnesselsamen.
Unten: Die geernteten Samen-»Würmchen«.

Gröstel »Brennende Liebe«

Aus Zweitrangigem eine Delikatesse kreieren:
eine fröhlich-feurige Kost!

> 2–3 Esslöffel Öl, Bratfett oder Butter
> 1–2 Zwiebeln, in Halbmonde geschnitten, ebenso
> das Zwiebelgrün von alten, keimenden Knollen
> frische Brennnesselblätter vor der Blüte
> männliche und weibliche Blüten oder Früchte
> von reifen(den) Brennnesseln
> halbfrisches Brot, in kleine Würfel geschnitten
> Salz und Pfeffer aus der Mühle
> 1 Knoblauchzehe, gepresst, nach Geschmack
> 2 Eigelb, verklopft

Das Fett in einer großen, weiten Bratpfanne
erhitzen und die Zwiebeln darin etwas andünsten.
Dann die Brennnesselblätter und -blüten beifügen
und mitdünsten, anschließend das Brot hinzufügen.
Alles bei leicht reduzierter Hitze unter häufigem
Wenden braten. Nach 5 Minuten mit Salz, Pfeffer
und Knoblauch würzen. Zuletzt die beiden Eigelbe
daruntermischen, die Hitze reduzieren und das
Ganze weitere 5 Minuten unter Wenden fertig garen.
Sofort genießen. Diese Speise soll »Weiberbegierde
und Manneskraft« anregen; das wussten schon
unsere Vorfahren.
Variante: Vielleicht finden sich im Kühlschrank
noch Reste von Wurst, Speck oder Fleisch? Diese
klein schneiden und mit den Zwiebeln zusammen
anbraten.

Freundschaften zwischen Pflanzen und Menschen

Die Grundbegrünung rund ums Haus wird begünstigt durch den Schatten von Bäumen und vom Haus selbst, aber auch durch nasse Stellen, zum Beispiel nach dem Gießen des Gartens oder dem Autowaschen. Je mehr wildes Grün, umso mehr Tierlein gibt es, die dort wohnen und zugleich für etwas Dünger sorgen.

Im Laufe der Jahre folgen ungeheißen andere Pflanzen nach geheimnisvoller Auswahl. Es lässt sich beobachten, dass genau die Kräuter wachsen, die von den dort wohnenden Menschen gebraucht werden möchten und zu ihnen passen: Dost für Liebhaber von heißblütigen Gewürzen, Wildrosen für Blütenfreunde und Vitaminbedürftige, Schafgarben für Magen-Darm-Sensible. Pflanzen können sogar gezielt Heilbotschaften senden – oder menschliche Leiden erahnen – und siedeln sich dort an, wo sie gebraucht werden. Und dies manchmal sogar schon bevor der Bewohner sein Gebrechen wahrgenommen hat. Das tönt unglaublich, aber es gibt dazu viele Erfahrungsberichte und Forschungsergebnisse. Augentrost, Johanniskraut, wilde Malven, Schöllkraut, sie alle gehören zu diesen Heil- und Hausbegleitern, welche die Freundschaft der Menschen suchen und spüren, wo sie zu wachsen haben und wo besser nicht.

Schwarzer Holunder
sucht den Menschen
und seine Behausungen.

Nährendes Wildkräutersalz »Rund ums Haus«

Nach dem Motto: weniger Salz, dafür mehr Grün.

...... Reife Samenrispen von weiblichen Brennnesseln
getrocknete Wildkräuter aus verschiedenen
Jahreszeiten, z.B. Bärlauch, Knoblauchhederich,
Kerbel, Schafgarbenblätter, Majoran, Gunder-
mann
...... evtl. zur Ergänzung, falls gewünscht, getrocknete
Gewürzkräuter aus dem Kulturgarten
...... Meersalz

Alles zusammen von Hand gut verreiben oder in
einem Blitzhacker (Cutter) mit Deckel zusammen-
mixen. Das Mengenverhältnis von Kräutern zu Salz
sollte etwa 3:1 oder 4:1 sein; das Salz bindet und
bewahrt die Aromen der Gewürzblätter.

Tipp: Das Kräutersalz eignet sich für Salate, kalte
Joghurt-, Quark- oder Frischkäsesaucen oder
Mayonnaisen. Die Brennnesselsamen nähren wie
Nüsse und geben dem Gewürz Boden, Güte
und Lebenswillen.

Holunderstrauch

Früher oder später lugt aus dem wuchernden Grün
ein junger Holundertrieb hervor, ein untrügliches
Zeichen für zwei Dinge: Zum Ersten, dass der Boden
am Verwalden, also bereit ist, Strauch- und Baum-
holz zu beherbergen. Zum Zweiten zeigt der Holunder an, dass es sich hier für den Menschen angenehm und sicher wohnen lässt. Denn der Schwarze
Holunderbusch gehört zu den ältesten und treusten
Begleitern des sesshaften Lebens. Er spielte eine

Reife Holunderbeeren.

Holunderblüten.

Rolle in der Ernährung (Blüten, Beeren) und als Heilmittel, fand bei Spiel und Basteln wie auch rituelle Verwendung. Wo der Holunder gedeiht, lässt sich gut wohnen, und wo ein alter Holunderbusch sich an eine Scheune oder Hausruine lehnt, da haben Menschen gelebt, geliebt, geschuftet, geweint und gelacht.

Wichtige Tipps zum Arbeiten mit Schwarzem Holunder:
– Die Dolden mit den weißen Blüten und später den schwarzen Beeren reifen gestaffelt; pro Ast finden sich immer bloß 2–3 Dolden im gleichen Reifestadium. Der Holunder begegnet dem Menschen also mit Umsicht: Er setzt uns nicht unter Druck, alles aufs Mal ernten zu müssen. Der Strauch schützt sich so auch vor radikaler Plünderung bei einmaligem Ernten.
– Holunderblüten sammle ich nie direkt nach dem Regen; dann sind sie zwar gewaschen, aber weiß und fade. Nach zwei trockenen Tagen umgibt sie wieder ein Flor von gelben duftenden Pollen, sodass es beim Berühren leicht stiebt: Das ist der richtige Moment zum Pflücken!

– Schwarze Holunderbeeren enthalten von allen essbaren Beeren die höchste Konzentration an violettem Farbstoff. Achtung daher beim Verarbeiten zuhause; fleckenempfindliche Flächen schützen.
– Roh gegessen verursachen die Beeren durch ihren geringen Gehalt an Giftstoffen mittlere bis heftige Bauchschmerzen; die Giftstoffe verschwinden aber beim Erhitzen gänzlich.

Sonnenwendmilch
Der Pausendrink im frühen Sommer oder zum Einschlafen an einem erregenden Sommerabend.

4 Holunderblütendolden
600 ml Milch
2 Esslöffel Honig

Die Blüten von den Dolden zupfen. Die Milch aufkochen und über die Blüten gießen. 15 Minuten ziehen lassen und dann den Honig darunterrühren. Auskühlen lassen und kalt genießen.

Holunderblütengebäck »Frühsommer mit Biss«

Zwischen den Zähnen eine intensivere Begegnung mit den Blüten als bloß über Auge und Nase.

Ca. 30 Holunderblütendolden

3 Tassen unverdünnter Holunderblütensirup, kalt angesetzt nach Grundrezept Seite 10

220 g weiche Butter

2 Prisen Salz

6 Esslöffel brauner oder weißer Zucker

4 Eier

nach Belieben 2 Tassen gehackte Baumnüsse

400–500 g Weißmehl

1 Esslöffel Backpulver, je nach Mehlmenge gestrichen oder gehäuft

Die frischen Holunderblüten von Hand sorgfältig von den Dolden zupfen oder mit einer Schere möglichst weit vorne von den Stielen schneiden. In den unverdünnten Holunderblütensirup einlegen und 2–3 Tage ziehen lassen, den Blütenbrei hin und wieder umrühren.

Butter, Salz, Zucker und Eier sehr gut verrühren. Falls verwendet, die Baumnüsse beifügen. Den Holunderbrei einrühren, dann Mehl und Backpulver (Menge je nach Konsistenz des Blütenbreis) darunterziehen. Der Teig wird durch die Flüssigkeit des Sirups eher dünnflüssig. Ein großes rundes Kuchenblech mit Backpapier belegen und den Teig darin verteilen. In der Mitte des auf 180 Grad vorgeheizten Backofens etwa 20 Minuten backen (Nadelprobe machen).

Das Gebäck soll dünn, feucht und zart sein und sollte innerhalb von zwei Tagen genossen werden. Es lässt sich aber auch sehr gut einfrieren. Auch der Holunderblütenbrei kann auf Vorrat eingefroren werden.

Holunder-Tartara

(Rezept Gina Chiara)

Warum Holunderblüten bloß immer süß genießen?

2 Esslöffel italienische Kapern

abgeriebene Schale von ½ Zitrone

⅔ Teelöffel Salz

Pfeffer aus der Mühle

kalt gepresstes Olivenöl

10 Holunderblütendolden

Die Kapern mit dem Wiegemesser sehr fein zerkleinern, mit Zitronenschale, Salz und Pfeffer vermischen und mit etwas Olivenöl gut verrühren. Die Holunderblüten von den Dolden zupfen, wenn nötig kurz wiegen, und sofort mit der Sauce vermischen. Alles in ein Glas mit Schraubdeckel füllen, gut zusammenpressen und mit Olivenöl auffüllen; die festen Zutaten müssen mit dem Öl gut bedeckt sein (während der Lagerung hin und wieder kontrollieren). Haltbarkeit: mehrere Monate.

Diese pikante Holunderkreation passt zu Fisch, Grilladen und zu Kartoffeln in der Schale.

Holundersirup für den Alltag

Der Grundsaft bleibt mehrere Jahre haltbar, ohne die Farbe zu verlieren.

Holunderbeeren-Süßsaft, nach Grundrezept Seite 11

wenig Zitronensaft

Hahnenwasser

Alle Zutaten zu einem Sirup mit der gewünschten Süße mischen.

Holunder enthält kaum Fruchtsäure, da hilft die Zitrone nach und macht den Sirup pfiffig und fein.

Holunderdrink »Heimflug«

Vermittelt Erfrischung und Geborgenheit
zugleich – wenn Blüte und Frucht sich verbinden.

Für ein Longdrinkglas von ¼ l Inhalt:
20 ml Holunderbeeren-Süßsaft, nach Grundrezept
Seite 11
20 ml Holunderblütensirup, kalt angesetzt
nach Grundrezept Seite 10
ca. 200 ml Hahnenwasser

Süßsaft und Sirup in das Glas geben und mit Wasser
bis zur gewünschten Konzentration auffüllen.

Violette Hexencreme

Die Farbe wirkt fast schockierend, und die Beeren
knacken lustig zwischen den Zähnen.

2 Tassen abgestielte Holunderbeeren,
frisch oder gefroren
4–5 Esslöffel Himbeersirup
2 Teelöffel Maisstärke (Maizena)
1 Esslöffel Zitronensaft
je 1 Tasse (ca. 200 g) Joghurt nature, Quark
und Rahm oder in beliebigem anderem Verhältnis
gemischt bzw. nur eines davon

Die Holunderbeeren mit dem Sirup aufkochen
und kurz köcheln lassen. Die Maisstärke mit dem
Zitronensaft vermischen und unter das heiße
Kompott rühren. Nochmals aufkochen und dann
erkalten lassen. Das oder die gewählten Milch-
produkte gut unter die kalte Beerenmasse rühren.
Kühl servieren.

Kosenamen – Volksnamen

Jede Wildpflanze trägt einen Namen in der
jeweiligen Landessprache. Für seltene Gewächse,
die nur den Fachleuten bekannt und in Heil-,
Gift- oder Fachbüchern erwähnt sind, wird eher
der lateinische Begriff verwendet.
Viele Pflanzen, vor allem jene, die in Haus- und
Menschennähe gedeihen, erhielten neben der
offiziellen Bezeichnung noch weitere Namen. Diese
lokalen, stark dialektgefärbten Bei- oder Volks-
namen sind fast wie Kosenamen und variieren von
Region zu Region: Baumtropf, Lügenblatt, Heim-
elen, Gänsenagel, Heinzerlein, Weifäcke, Katzen-
schwanz, Blauhuder, Muggert, Hühnerdarm,
Hexenzwiefel, Säumelde, Keilken, Gotteshand,
Zingel, Himmelsbrot ... Die Fantasie treibt üppige
Blüten, und hinter jedem Namen ahnt man eine
Geschichte! Solche Bezeichnungen oder eben eher
Kosenamen erinnern an unmittelbare und lang-
jährige Erfahrungen, an persönliche Begegnungen.
Und »Nomen est omen«, das heißt: Der Name
ist zugleich eine Botschaft.
Mit Sicherheit reichen diese Volksnamen zeitlich
weiter zurück als die wissenschaftlichen Bezeich-
nungen, denn diese erhielten erst mit Schrift und
Buchdruck allgemeine Gültigkeit. Auffallend ist:
Je näher bei Haus oder Hütte der Menschen eine
Pflanze sich ansiedelt, umso mehr Kosenamen
werden ihr geschenkt. Das sind deutliche Zeichen
einer intimen gegenseitigen Bekanntschaft, sei
diese freundschaftlich oder eher bedrohlich. Zu den
Pflanzen, die am meisten lokale Kosenamen erhielten, gehören an vorderster Stelle Brennnessel,
Löwenzahn, Vogelmiere, Gänseblümchen, Wegerich,
Geißfuß, Gundermann, Beifuß, Eberesche und
Holunder. Königin über die Jahrtausende bleibt in
dieser Hinsicht die Eberesche, für deren Früchte im
deutschen Sprachraum neben der Bezeichnung
»Vogelbeere« gegen vierzig Volksnamen bekannt
sind.

Violette Hexencreme.

Blütenfelder: Farben und Düfte

Sinnesreiz una

Wildblüten für Auge, Nase, Gaumen.

Geometrie

Blüten gibt es zwar überall, in allen Lebensräumen und Landschaftsformen. Doch viele von ihnen heben sich derart ab von allem Grünen und betonen ihre Sonderstellung rein optisch, sodass sie hier ihr eigenes Kapitel erhalten. Auch mit den Beeren und Früchten wollen sie keinesfalls in einen Topf geworfen werden, weder zum Essen noch in der Beschreibung.

Blumen schmücken die grüne Erdoberfläche, so wie Feste unserem Alltag Farbe geben. Eine hohe Zeit, Hoch-Zeit, stellt bei allen Pflanzen die Phase des Blühens dar; Paarung und Befruchtung, vielfach mit dem Austausch der Gene verbunden, finden in diesem Teil der Pflanze statt. Zur Blütezeit bündeln sich die schöpferischen Kräfte mit jener Spannung, die in jeder Form von Sexualität vibriert. Farben und Düfte, welche die Sinne betören, erfüllen in diesem Geschehen eine wichtige Aufgabe, so wie die leuchtenden Augen im Schwanz des Pfauenmannes, das Parfüm in den Haaren einer jungen Frau. Redewendungen wie »die Blütezeit« oder »Hochblüte« einer Kultur oder »im blühenden Alter von soundsoviel Jahren« knüpfen an das Urerleben mit Blüten an und erinnern an den erotischen Aspekt des Schöpferischen. Blütezeiten dauern nie sehr lange, weder bei Kulturen noch bei Menschen oder Pflanzen, denn ein Motor kann nicht andauernd auf höchsten Touren laufen – das Leben braucht auch seine entspannten Phasen. Vielleicht beruht auf dem Wissen um dieses Geheimnis der Hoch-Zeit auch die Verwendung von Blütenessenzen in der Heilkunst, in Form von Bachblütenextrakten, Pollenkonzentraten, Salben, Tinkturen und Tees.

Es muss nicht immer nur Tee sein. Blüten verwende ich am liebsten ungekocht, denn so können sie ihre Farbe zeigen und ihren Duft entfalten. Auch ihre kunstvollen geometrischen Spiralformen und Kreiseinteilungen bleiben so sichtbar; und weil diese geometrisch mit Planetenmustern verwandt sind, meine ich, bei ihrem Genuss den Himmel im Mund zu spüren.

Knusprig gebratene Huflattichblüten an einem Vorfrühlingsabend oder ein Biskuit mit einer farbigen, duftenden Blütenbutterfüllung als Sonntagsdessert – ein Hochgenuss! Niemals lege ich eine Blüte nackt auf den Teller neben die Speisen, denn dort wirken sie verloren und werden dementsprechend auch selten gegessen; das fällt mir immer wieder im Restaurant auf. Als Bereicherung einer festlichen Bowle lösen frische Wildblüten einen gewaltigen Schub an Glücksgefühlen aus, zuerst über den Anblick und danach im Mund. »Begeistete« Blüten sind imstande, bei dem Menschen, der sie trinkt, eine heilende Verwandlung im Gemüt anzuregen.

Große Hochzeits-Bowle

Diese sanft rostrote Bowle mit den Blütenfarben in Gelb, Weiß und Violett erobert die Augen, Herzen und Münder aller Gäste! Besonderer Vorteil: Sie braucht keinen Alkohol und wirkt doch edel und geheimnisvoll.

Frische saisonale Wildblüten, z.B. Veilchen, Gänseblümchen, Wiesensalbei, Stiefmütterchen, Ehrenpreis, Schlüsselblume, Schafgarbe, Hundsrose, Ehrenpreis, Luzerne, Natternkopf, Hornklee, Königskerze

je 600 ml verschiedene Konzentrate von kalt angesetztem Sirup, nach Grundrezept Seite 10, z.B. von Fichte, Holunderblüte, Minze, Mädesüß

200 ml Himbeersirup, selbstgemacht oder fertig gekauft

200 ml Süßsaft von Vogelbeeren oder rotem Holunder, nach Grundrezept Seite 11

4–6 l Mineralwasser mit Kohlensäure

nach Belieben frische wilde Erd-, Him- oder Brombeeren, je nach Saison

Die Blüten sorgfältig von allem Grün befreien und zusammen mit einem angefeuchteten Stück Haushaltpapier in einem verschlossenen Gefäß kühl und feucht halten.

Die verschiedenen Wildsäfte in eine große Glasschale geben (am besten im Beisein der Gäste). Mit dem Mineralwasser auffüllen. Warten, bis der erste Schaum verschwunden ist, und dann die Blüten und Beeren darüberstreuen. Umrühren und in flache, weite Gläser ausschenken.

Tipp: Kleine Holzstäbchen für die Blüten dazu reichen.

Schönheitskonkurrenz im wilden Blütenland ...

Frühlingsschlüsselblumen in Schlüsselblumenschnaps.

Violenschnaps »Verwandlung«

Violett ist die Farbe der großen Umwandlung zwischen Tod und Leben. Die katholische Liturgie verwendet Violett in der Passions- und Adventszeit.

1 Litermaß Alpen- oder Acker-Stiefmütterchen

2 Esslöffel Zucker

½ l Kirschgeist

Die Stiefmütterchen in ein Glas mit Schraubdeckel füllen, den Zucker darüberstreuen und gut verschließen. 2–3 Tage stehen lassen, dabei ab und zu das Glas umdrehen und bewegen. Dann den Kirsch dazugießen und alles 2–3 Monate dunkel und kühl ruhen lassen. Danach ist der Schnaps trink- und genussbereit. Haltbarkeit: 2 Jahre.

Schlüsselblumenschnaps »Erwachen«

Zum Begießen einer mutigen Entscheidung, vorher oder nachher.

Nach dem Rezept links mit Schlüsselblumen statt Stiefmütterchen

Wintertee »Gütiges Erwachen«

200 ml Schlüsselblumen- oder Lindenblütentee

1 Teelöffel Zucker

1 Schnapsglas Schlüsselblumenschnaps »Erwachen«

Aus getrockneten Schlüsselblumen- oder Lindenblüten einen Tee zubereiten und diesen mit 1 Teelöffel Zucker süßen. Den Tee lauwarm abkühlen lassen, dann mit dem Schnaps mischen und so genießen.

Mädesüß, Moorgeißbart

Die Pflanze braucht dauer-nassen Boden und bevorzugt deshalb sumpfige Bach- und Flussränder. Die Blüten sitzen als creme-weiße Büschel wie Wolken zuoberst auf den Stielen und wiegen sich im Wind. Mit seinem mandelartigen Duft liebkost Mädesüß den Gaumen. Die in der Pflanze enthaltene Salicylsäure heilt Kopfweh – und dies sogar in der niedrigen Dosis von Sirup und Drink.

Blühendes Mädesüß vor historischer Kulisse (Schloss Ortenstein).

Mädesüßdrink »Mondblüte«

Wenn ich mich in der Nacht wärmen und in ihr
bergen möchte:

FÜR EIN LONGDRINKGLAS VON 250 ML:

20 ml Mädesüßsirup, nach Grundrezept Seite 10

20 ml Cassissirup

10 ml Süßsaft von Schwarzem Holunder,

nach Grundrezept Seite 11

200 ml Hahnenwasser

wenn vorhanden, 1 Büschel frische Mädesüß-

blüten als Garnitur

Alles in der angegebenen Reihenfolge mischen.
Die Blüten als Garnitur über den Glasrand hängen.
Variante »Singende Mondblüte«: Einen Fünftel
der Wassermenge durch weißen Rum (Baccardi)
ersetzen.

Blumen essen – sich Heiliges einverleiben

Eine einmalige Erfahrung: Eine Blüte direkt und
ohne weitere Zubereitung kosten, in ihrer ganzen
Sinnlichkeit, quasi auf du und du.
Doch direkt ab Stiel – das geht nicht; da ist eine
Scheu, die mich zurückhält. Es kommt mir vor, als
würde ich jemandem ins Gesicht beißen, etwas
Heiliges entweihen. Und doch schmecken Blüten
im Mund wunderbar zart und parfümiert, und
sie ergeben sich rasch, man muss nicht lange auf
ihnen herumkauen wie bei manchem Grünzeug.
Es ist merkwürdig: Blumen mit dem Stängel
massenweise für einen Strauß zu pflücken, geht
viel leichter, als sie in den Mund zu stecken. Dabei
ist es eigentlich viel brutaler, denn die Blüten selbst
erfahren dabei kaum die streichelnde Berührung
meiner Hände und Lippen und sterben eines lang-
samen Todes. Hemmungslos und in großen Mengen

verspeisen wir Kulturblüten wie Blumenkohl, Brokkoli, Artischocken, aber diese Riesenblumen sind geografisch und genetisch weit entfernt von ihrem wildgrünen Zuhause, wo sie einst lebten.

Anders etwa das wilde Stiefmütterchen in der Bergwiese: Es leuchtet stolz in seiner Vielfarbigkeit. Es braucht immer etliches Zureden und Vormachen, bis sich die Teilnehmerinnen und Teilnehmer meiner Exkursionen getrauen, eine einzelne Blüte zu pflücken und zu essen. Doch welche Lebensfreude trinken wir mit der Milch, wenn diese von Vieh kommt, das sich auf der Alp mit Blumen vollgestopft hat! Eingeweihte Sammelleute sind wie Kühe und Ziegen, sie haben Blüten »zum Fressen gern«, wortwörtlich.

Eine Blume in den Mund zu nehmen und zu verspeisen, geht einen Schritt weiter, als sie nur anzuschauen und mit den Augen aufzunehmen. Dabei reicht eine geringe Menge aus. Während ein Strauß großer Margeriten schnell gepflückt ist, merke ich, wenn ich in der Bergwiese von ihnen esse rasch, wie gehaltvoll und nährend dieses weiß-gelbe Sternenwunder ist – und es bleibt bei wenigen Blüten. Sich etwas einverleiben heißt, eine Botschaft von außen aufzunehmen, sie zu kauen, einzuspeicheln und hinunterzuschlucken, sie fermentieren und sich verwandeln zu lassen und sie schließlich in mein Blut aufzunehmen und mich von ihr durchtränken zu lassen. Diese Tatsache ist letztlich das Geheimnis von allen religiösen und gottesdienstlichen Mahlzeiten, nicht nur bei Eucharistie und Abendmahl. In derselben Art und Weise muss mir ein einzuübendes Musikstück, eine Idee oder ein Text richtig zu Leibe und sogar durch Mark und Bein gehen; erst dann habe ich ihn wirklich »intus«, wie es auf Lateinisch so knapp heißt.

Ein junger Priestersohn, dessen Familie im babylonischen Exil lebte, wurde eines Tages von gewaltigen Visionen heimgesucht. Darin erschien ihm Gott persönlich und sprach ihn direkt an. Der junge Mann war völlig erschlagen von dieser Erfahrung. Die Stimme kam wieder und erteilte ihm Aufträge für prophetische Vorträge in der Öffentlichkeit. Hesekiel begann zu zittern vor Angst und Panik. Nahe bei seinem Gesicht sah er in der Vision eine ausgestreckte Hand, die ein Pergament entrollte, und er las die schaurigen Texte, mit denen er vor die Leute treten sollte. Da wies ihn die Stimme an, diese Buchrolle zu verspeisen, denn nur so werde er fähig zum glaubwürdigen Predigen. Dem Armen blieb nichts anderes übrig, als zu gehorchen. Er öffnete den Mund und begann das beschriebene Pergament zu verspeisen, was wohl nicht einfach war. Die Stimme ermunterte ihn: »Iss schon, fülle deinen Magen damit!« Der Mann aß weiter, kaute und schluckte. Bald wunderte er sich, denn die Rolle schmeckte im Mund wunderbar, süß wie Honig …

(Altes Testament, Berufung des Hesekiel)

Langsporniges Stiefmütterchen.

Bin ich mir dessen bewusst, wenn ich etwas esse? Wie ernähre ich mich? Wann passt Grünes, wann gönne ich mir ein Ei, ein Stück Käse oder Fleisch, wann lasse ich mich von Blüten verwöhnen? Der Mensch ist, was er isst.

Violenlied am Gaumentor

Einzelne wilde Stiefmütterchen, ohne Stiel

2–3 Blüten in den Mund nehmen, mit den Zähnen leicht zerquetschen und sie dann mit der Zunge an den Gaumenbogen drücken. Sehr langsam schlucken, denn dabei erst lässt sich das samtige Aroma wahrnehmen, als zarte Melodie in Violett.

Oben: Offener »Rachen« der Wiesensalbeiblüte. Unten: Natternkopfblüte.

Nährender Blumenimbiss

Auf einer Sommerwanderung, wenn es keine zarten Frühlingsblätter mehr und noch keine Herbstbeeren gibt.

Ganze offene Blütenstände von Luzernenklee, Teufelskralle, Wiesensalbei

Die Blütenstände direkt und ohne weitere Zutaten essen. Alle drei Blumensorten haben etwas Nahrhaftes in sich. Die Aromen im Mund variieren nur leicht und schmecken alle nussähnlich. Beim hohen Wiesensalbei lässt man den Stängel stehen; vor dem Essen kontrollieren, ob keine Wespe oder Biene sich in den Blüten versteckt. Mit kräftiger Handbewegung alle Blüten aufs Mal vom Stiel streifen und direkt in den Mund geben.

Süße Blütenbutter

(Rezept Matthias Küchler)

In Butter entfalten sich die süßen Düfte. In jeder Phase des Sommers lassen sich mindestens vier Farben finden.

1 Handvoll saisonale Wildblüten, z.B. Wiesensalbei oder Stiefmütterchen (violett), Schlüsselblumen, Hornklee oder Königskerze (gelb), Lichtnelke, Wiesenklee, Hundsrose oder Weidenröslein (rot), Ehrenpreis oder Natternköpfe (blau)

50 g weiche Butter

100 ml kalt angesetzter Holunderblütensirup, nach Grundrezept Seite 10

Die Blüten von allen grünen Teilen befreien. Die Butter geschmeidig rühren. Den Sirup nach und nach darunterrühren. Am Schluss die Blüten daruntermischen. Sofort verwenden oder im Kühlschrank aufbewahren; dank des Zuckers und der Zitronensäure im Sirup bleibt die Farbe der Blüten 2–3 Tage in der Buttercreme erhalten. Eignet sich als Füllung oder Dekoration eher trockener Biskuits oder als festlicher Aufstrich für den Sonntagszopf.

Rosenschiffchen

Der Rosenduft regiert hier königlich, vor allem, wenn Kartoffelrosen (mit)verwendet werden.

2 Hände voll Blütenblätter von Hunds- und Kartoffelrosen

50 g weiche Butter

100 ml unverdünnter Mädesüß- oder Holunderblütensirup, kalt angesetzt nach Grundrezept Seite 10

Von den Kartoffelrosen 10–12 Blütenblätter zur Seite legen und den Rest in kleine Stücke zerzupfen, dann wie im obigen Rezept beschrieben mit der gesüßten Butter vermischen.

Die beiseite gelegten ganzen Rosenblätter jeweils mit einem Häufchen Rosenbutter füllen und als Garnitur auf eine glasierte Torte, auf eine Creme oder auf etwas Schlagrahm neben eine Kugel Glace setzen. Als schwimmende Blüten in einer flachen, mit Wasser gefüllten Glasschale wirken die Rosenschiffchen besonders sinnlich und zart; von Hand herausfischen und genießen.

Blumen belegen ein farblich perfekt abgestimmtes Schönheitsbewusstsein: Zu allen Zeiten des Jahres zwischen April und Oktober finden sich unter den verschiedenen Sorten essbarer Blumen immer die drei Grundfarben Gelb, Rot und Blau. Das hat mir im Laufe der Zeit die Erfahrung gezeigt. Zusammen mit weißen Blüten, die überall und immer vorkommen, ergibt dies für das grüne Grundgericht

Blüten versinken in der süßen Butter.

einen fantastischen Farbakzent, vor allem auf schwarzen oder gläsernen Tellern.

Vierfarbige Salate

Grüne Blätter aus dem Garten oder der Gemüse-handlung mit bunt Blühendem aus der Wildnis – in allen jahreszeitlichen Variationen.

> **Blätter von Kopfsalat, Lattich oder anderen grünen Salaten**
> **klare Salatsauce ohne blättrige Kräuter**
> **Blüten in den unten genannten Variationen**

Den Salat fertig zubereiten. Vor dem Servieren die frischen Blüten von allem Grün befreien und über den Salat streuen.
Die folgenden Anregungen entsprechen der Gelb-Rot-Blau-Folge:

Passionssalat (in der kühlen Jahreszeit gibt es nur Weiß, Gelb und Violett)
Gänse- oder Schlüsselblümchen, Veilchen aus dem Wald. Mit einzelnen Löwenzahnblättern lässt sich ein wunderbarer Strahlenkranz um den angerichteten helleren Kopfsalat legen.

Walpurgissalat
Gelb: Schlüsselblumen, einzeln gezupfte Löwen-zahnblütenblättchen. Rosarot: Lichtnelke oder Wiesenschaumkraut. Blau-violett: Wiesensalbei, Acker-Stiefmütterchen oder Vogelwicke.

Höhenfeuersalat
Gelb: Große oder kleine Königskerze. Rosarot: Hauhechel oder Weidenröschen. Blautöne: Nattern-kopf, Luzerne, Wegwarte.

Oben: Wiesensalbei. Unten: Wild- und Gartensalat mit Blüten.

Sonnenwendsalat
Gelb Hornklee. Rosarot: Hundsrose. Blau: Ehrenpeis (Veronika), Vergissmeinnicht oder Natternkopf.

Hexenschiffchen
Mit allem, was im November noch einzeln blüht: Gänseblümchen, Löwenzahn, Klee, Wiesensalbei. Auf große Einzelblätter von Endivie oder weißem Chicorée etwas Salatsauce geben und die Blüten sowie einzelne Vogelbeeren schön darauf arrangie-ren. Die Blattschiffe ganz in den Mund nehmen.

Mittwintersalat
Bleich gewordene oder bleich gezüchtete Salat-sorten wie Zuckerhut, Chinakohl, Chicorée verwenden. Mit getrockneten Blüten vom letzten Sommerhalbjahr bestreuen. Dazu passt eine farbige Salatsauce, mit rotem Himbeer-, violettem Schlehen- oder dunklem Balsamicoessig.

Blumenbrote

Als Snack, Vorspeise, Apérohäppchen.

> Frische Brotscheiben, halbiert oder geviertelt
> heller Frischkäse oder Mascarpone als Aufstrich
> Kräutersalz aus Wildnis oder Garten (siehe Seite 45)
> frische Blüten in Gelb, Rot und Blau

Die Brotstücke mit wenig cremigem Käse bestreichen. Mit etwas Kräutersalz würzen. Die frischen Blüten von allem Grün befreien und daraufsetzen. *Variante Blumenrädchen:* Statt Brot Gurkenscheiben schneiden, mit wenig Salatöl bestreichen. Dann ebenfalls mit Kräutersalz und frischen Blüten bestreuen.

Einfache Blumencreme

> 500 ml Jogurt nature
> 300 ml Magerquark
> 150 g Zucker oder Reste von wildem Süß- oder Dicksaft oder von kalt angesetztem Sirup
> 200 ml Rahm, flüssig oder geschlagen
> gemischte Blüten der Saison in allen Farben

Joghurt, Quark und Zucker oder Süßsaft gut miteinander verrühren. Den Rahm darunterziehen und die Creme kalt stellen. Kurz vor dem Servieren die Blüten darüberstreuen.

Einfache Blumencreme.

Blumen und Blüten lassen sich nicht nur roh, sondern auch gekocht, gebacken, gebraten oder frittiert zu Gaumenfreuden verarbeiten. Dann enthüllen sie an Stelle der frischen Erlebniskraft neue Geheimnisse. Kurzes oder wie beim Einkochen von Blütensäften auch längeres Erhitzen führt die Kraft der Blüte durch einen komplizierten Prozess hindurch. Beim Genießen haben wir ebenfalls teil an dieser Verwandlung, werden vielleicht davon angeregt. Frittiert im Ausbackteig bleiben auch die Formen erhalten, am schönsten bei der großen Margerite.

Margeriten und andere Korbblütler

Wenige wissen es: Korbblüten nähren gut und werden selten bloß zum Garnieren gesammelt. Ihr verdicktes Zentrum enthält fleischiges Gewebe, das sogar den Hunger zu stillen vermag! Sie erinnern an Artischockenböden, sind aber knackiger.

Blumen-»Spiegeleier«

1 Salatsieb voll Wildgemüse: Guter Heinrich, Bärenklau und wenig Brennnessel

1 Esslöffel Butter oder Olivenöl

Kräutersalz

4 oder 8 große schöne Margeriten ohne Stiel

Das gewaschene Wildgemüse blanchieren und abtropfen lassen. In Butter oder Olivenöl erwärmen und würzen. Auf Tellern anrichten und zuletzt die frischen Margeritenblüten daraufsetzen. Sieht toll aus.
Dazu passen Bratkartoffeln mit Speck oder Käse.

Gebratene Margeriten
Als Vorspeise oder geheimnisvolle Gemüsebeilage.

2 Esslöffel Milch

2 Esslöffel Mehl

1 verquirltes Ei

2 Esslöffel gesalzenes Paniermehl

Butter oder Fett zum Braten

16–20 große Margeritenblüten ohne Stängel, Milch, Mehl, Ei und Paniermehl getrennt bereitstellen. In einer weiten Bratpfanne das Fett erhitzen. Die Blüten einzeln mit zwei Gabeln nacheinander in Milch, Mehl, Ei und Paniermehl wenden. Dann die panierten Blüten beidseitig golden und knusprig braten. Sofort servieren.

Gänseblumen-Spätzli
Knusprig gebratene Korbblüten betören durch ihr Doppelwesen von Gemüse und Gewürz und ergeben, zusammen mit Reis- oder Teigwarenresten, ein originelles Abendessen.

Bratöl

gekochte Spätzli oder Teigwaren, ausgekühlt (oder vom Vortag)

1 Salatsieb voll offener Gänseblümchen mit Stiel (oder ½ Sieb Blüten ohne Stiel)

Kräutersalz

In einer weiten Bratpfanne das Öl erhitzen. Die Spätzli zusammen mit den Gänseblümchen darin unter Wenden braten. Nach 3 Minuten mit Salz abschmecken und die Hitze reduzieren. Nicht zudecken, damit die Blumen leicht knackig bleiben. Sofort servieren.
Variante: Falls vorhanden, durch einige abgeschnittene Löwenzahnblütenblätter ergänzen.

Gänseblümchen: »Gratis«-Küchendelikatesse.

Baumwelt: Bäume und Wälder

Bodenduft und

Himmelslied

Ein Baum allein beeindruckt schon als Lebewesen, das sich aufbäumt gegen die Schwerkraft, gegen die Trägheit. Welche Kraft muss in den Sehnen und Kapillaren eines Baumstammes stecken, in zwei gegensätzliche Richtungen ziehend: aufwärts zum Licht des Himmels und abwärts zu den Wasservorräten im Boden. Tonnenschwere Massen streben auseinander und halten doch zusammen. Diese gespannte Saite zu durchtrennen, muss für jeden Holzfäller ein ehrfürchtiges Erlebnis sein.

Und erst ein ganzer Wald! Das ist nicht bloß eine Ansammlung von einzelnen Bäumen, sondern eine ganze Welt für sich, mit schützenden Wänden – der Waldrandflora – und einem Innenraum.

In der Waldgemeinschaft kann der einzelne Baum sich nicht voll entfalten, dafür aber dient er der sozialen Gemeinschaft. Hier müssen alle Bäume die Ausdehnung ihres Wurzelwerks etwas bescheidener halten, ihre Krone ebenfalls, und die Stämme sind über viele Meter Höhe fast oder ganz laubfrei – es sieht nicht schön und eher bemitleidenswert aus, wenn solche Waldbäume nach einem Schlag entblößt dastehen. Dafür tragen sie das Ihre bei zum ganzen Waldgefüge, sie sind die einzelnen Säulen des Doms und machen den Wohnraum darin erst möglich.

Bäumiges Waldgeheimnis.

Oben: Junge Lindenblätter.
Unten: Lichtspiel im Baumgeblätter.

Waldiger Wohnraum

Gesunde Mischwälder leben die Urform demo-
kratischer Gemeinschaft, die einen eigenen Lebensraum bildet für Kleinpflanzen, für großes und
kleinstes Getier, auch für Menschen.
Die europäischen Wälder boten den ersten Ein-
wanderern aus den westrussischen Steppen Schutz
vor Kälte, Hitze, Regen und Wind, vor Tieren und vor
ihresgleichen. Der Wald war den Menschen Haus

und Garten, Jagdgrund und Vorratsschuppen; er war
ihnen auch Werkstatt und Kultstätte.
Je nach Art haben die Bäume verschiedene Ver-
haltensweisen und Charaktere, denn die vielen
Jahrmillionen der Entwicklungsgeschichte haben
Spuren hinterlassen. Das uralte Wissen der Bäume
hat unsere Kulturgeschichte bis heute geprägt.
Noch stehen in Europa einige hundert Lindenbäume
an Orten, wo früher Recht gesprochen wurde.
Im Mai und Juni duften ganze Städte nach Lindenblüten, und etwas Friedvolles liegt in der Luft.

Linden-Sandwich
für schmerzliche Tage

Das Wort »lindern« kommt von der heilenden Linde.

> **8 dünne Scheiben feuchtes Roggenbrot**
> **oder Pumpernickel**
> ....
> **Zitronensaft**
> ....
> **2–3 Esslöffel Butter**
> **mild aromatisches Salz**
> ....
> **2–3 Handvoll junge Lindenblätter**

Die Brotscheiben mit etwas Zitronensaft beträufeln,
mit Butter bestreichen und mit wenig Salz bestreuen. Zwischen je 2 Brotscheiben reichlich ganze
Lindenblätter legen – die Lindenfülle soll dabei
die »Oberhand« behalten.

Ein faszinierender und zugleich gefährlicher
Lebensraum müssen unsere Wälder in den ersten
Zeiten menschlicher Besiedelung gewesen sein.
Unsere ältesten Vorfahren lebten als Waldnomaden
in einer Art »Wohngemeinschaft« im weitesten
Sinn mit den ansässigen Tieren, im Besonderen mit
Wölfen und Bären.
Die Wölfe zeigten dem Menschen, wie man sich in
einer Gruppe hierarchisch organisiert, um effizient

zu jagen – Wolfsrudel weisen innerhalb der einheimischen Säugetierwelt die menschenähnlichste Sozialordnung auf. Der Wolf ließ sich sogar vom Menschen domestizieren – Hunde gehören zu den frühesten Haustieren des Menschen – und begleitet ihn bis heute als treuer Gefährte. Von den Bären lernten wir das Wissen über die Nahrungs- und Heilpflanzen. Bären haben in der einheimischen Säugetierwelt den menschenähnlichsten Speisezettel. Davon zeugen auch die über fünfzig Pflanzennamen, die im deutschen Volksmund den Wortbestandteil »Bär« haben.

Bärlauch

Der Lauch des Bären macht unübersehbar und unüberriechbar auf sich aufmerksam, indem er während einiger Wochen im April viele Waldböden als kompakter grüner Teppich bedeckt. Große Teile des Schweizer Mittelland- und Voralpenwaldes leuchten und duften dann nach Bärlauch, während die Bäume in ihrer hellen Durchsichtigkeit, noch blattlos, vom Frühling träumen. Nicht bloß Bären bringen mit diesen kräftigen Blättern ihren wintermüden Körper wieder in Schwung, sondern die Menschen ebenso. Das stark knoblauchartige und vielseitig verwendbare Lauchgewächs kann süchtig machen, vor allem in roher Form – schließlich muss man danach wieder elf Monate warten bis zum nächsten Schub an frischen Bärlauchblättern. Die Natur ist voller Tricks und prüft die Sammelleute gern auf ihre Kompetenz in Pflanzenkenntnis. So mischen sich an bestimmten Orten giftige Doppelgänger in den bärengrünen Teppich: Herbstzeitlose oder »Meierisli«, in Form, Farbe und Wachstumszeit dem Bärlauch sehr ähnlich. Bei näherem Hinsehen und Befühlen lassen sich die Unterschiede jedoch gut feststellen. Die Herbstzeit-

Oben: Bärlauch im Buchenschoß.
Unten: Bärlauchknospen.

lose kommt häufig im Übergangsbereich zwischen Wald und Wiese vor. Beide Giftpflanzen haben steifere Blätter, und sie wachsen aus einem einzigen, dicken Schaft heraus.

Bären-Sandwichs

Butter mildert die Schärfe. Dieses bärige Picknick kann sogar unterwegs auf der Waldwanderung zubereitet werden, mit Bärlauch ab Boden und den Zutaten aus dem Rucksack. Viele Varianten sind möglich.

> **Einfachste Variante:**
> **frisches Brot, in Scheiben geschnitten**
> **Butter**
> **Kräutersalz**
> **frische Bärlauchblätter**

Jeweils zwei Brotscheiben mit Butter bestreichen und mit Salz bestreuen. 3–5 Bärlauchblätter falten und zwischen die Brotscheiben legen. Fertig! Bei sehr großen Blättern und kleinen Brotscheiben geht es auch umgekehrt: Die bestrichenen und gewürzten Brotscheiben mit den Blättern umwickeln.

Bären-Sandwich.

Tipp: Als Vorrat für die ganze Bärlauchsaison kann auch eine größere Portion Butter weich gerührt und mit Kräutersalz vermischt werden – fertig zum Gebrauch.

Intensive Variante: Statt Butter Bärlauchbutter verwenden, von Hand oder mit der Maschine hergestellt aus Butter, Salz und fein geschnittenen Bärlauchblättern.

Blättrige Variante: Statt gewöhnliches Brot ein pikantes Bärlauchbrot verwenden: Einem Vollkornteig gedämpfte frische und in gesalzenes Olivenöl eingelegte Bärlauchstreifen vom Vorjahr beifügen. Dann die Brotscheiben nur mit Butter bestreichen, nicht zusätzlich salzen.

Bärlauchtorte

Als leichte Hauptmahlzeit oder anstelle des üblichen Salzgebäcks zum Aperitif oder Schlummer-Wein.

> **1 Salatsieb frischer oder gefrorener Bärlauch,**
> **von Hand in feine Streifen geschnitten**
> **50–100 ml Olivenöl**
> **100 ml Wasser**
> **100 g weiche Butter**
> **2 Prisen Salz**
> **4 Esslöffel Paniermehl**
> **4 ganze Eier**
> **450 g Mehl**
> **1 Päckchen Backpulver**

Die Bärlauchstreifen im Öl dünsten. Das Wasser beifügen und das Gemüse 10 Minuten köcheln lassen. Zudeckt abkühlen lassen. Die Butter mit Salz, Paniermehl und Eiern gut verrühren. Das abgekühlte Bärlauchgemüse, dann Mehl und Backpulver daruntermischen. Den Teig in eine mit Backpapier ausgelegte Cakeform füllen und im

Bärlauchtorte

Backofen bei 180 Grad etwa 1 Stunde backen. Schmeckt lauwarm am besten.

Variante: Statt mit frischen Blättern mit in Öl eingelegten Bärlauchstreifchen zubereiten: Dann die Butter weglassen. Stattdessen werden 5–6 Esslöffel der eingeölten Bärlauchstreifen als Basis für den Rührteig in die Schüssel gegeben. Die Menge an Bärlauchöl soll ungefähr der im Rezept angegebenen Buttermenge entsprechen. Salz braucht es auch etwas weniger.

Gelbe Bärlauchsuppe

Hier verliert der Bärlauch seine Dominanz und bettet sich ins Ganze ein.

2–3 Tassen Bärlauch, in feine Streifen geschnitten

20 g Butter

1 Esslöffel Mehl

1 l Bouillon

Curry, Safran, Muskat, nach Belieben auch Ingwer

etwas Zitronensaft oder Weißwein

1 Schuss Rahm, nach Belieben

Die Bärlauchstreifen in der heißen Butter dünsten. Mit dem Mehl bestäuben und mit der Bouillon ablöschen. 10–15 Minuten köcheln lassen. Während der Kochzeit die Gewürze sowie Zitronensaft oder Weißwein dazugeben. Zuletzt die Suppe pürieren und nach Belieben mit Rahm verfeinern.

Bärenkartoffelbrei

Ein schnelles Mittag- oder Abendessen, wenn man nach der Bärlauchernte müde nach Hause kommt, oder zum Aufbrauchen von eingefrorenen Bärlauchblättern.

1 kg alte mehlige Kartoffeln

1 Salatsieb frischer Bärlauch, in Streifen geschnitten

50 g Butter

200–300 ml Weißwein

Salz oder Kräutersalz

Pfeffer aus der Mühle, nach Geschmack

Die Kartoffeln kochen. Noch heiß schälen und mit einer Gabel, einem Kartoffelstampfer oder – falls sie nicht mehr allzu heiß sind – von Hand zerdrücken. Unregelmäßig püriert sieht es übrigens viel schöner aus als ganz fein püriert.

Inzwischen die Bärlauchstreifen in der heißen Butter dünsten, mit dem Wein ablöschen und 5 Minuten köcheln lassen. Unter das Kartoffelpüree mischen, mit Salz und Pfeffer abschmecken. Sofort servieren oder in einer Gratinform zugedeckt im Backofen bei 100–150 Grad warm halten. Dazu passen Würste, in Wasser erhitzt, kaltes Trockenfleisch oder Aufschnitt.

Variante: Den noch heißen Bärenkartoffelbrei in eine weite offene Gratinform geben, mit Käsescheiben belegen und 10 Minuten bei 200 Grad überbacken.

Buche und Bärlauch
eng verbunden.

Waldiger Wiesenrand mit Herbstzeitlosen und Bärlauch im Verbund. Vorsicht!

Gebratene Bärlauchknospen

> **Bärlauchknospen samt langem Stiel,**
> **frisch gepflückt**
> ....
> **Bratöl**
> ....
> **etwas Salz**

Das Öl in der Bratpfanne erhitzen. Die Knospen mit den feinen Stielen darin braten, zuerst 1–2 Minuten bei hoher Temperatur, dann die Hitze reduzieren und unter öfterem Wenden fertig braten. Salzen und sofort als pikante Beilage servieren. Diese Delikatesse soll halb knusprig, halb grün-gemüsig sein.

Waldboden und Humusbildung

Der Lebensraum Wald schafft neues Leben, zum einen durch den Austausch von Kohlendioxyd und Sauerstoff, zum andern, weil sich durch das Verrotten von abgefallenen Blättern und Nadeln am Boden permanent neuer Humus bildet.
Zart und weich empfängt der Waldboden mich schon beim Auftreten. Ich rieche die erdige Würze und grabe mit den Händen im feucht-dunklen Geheimnis. Es ist nicht genau auszumachen, wo die Schicht des Baummaterials aufhört und wo die eigentliche Erde beginnt; die Verwandlung des Fallmaterials in Humus vollzieht sich andauernd, im natürlichen, jahrzeitlichen Rhythmus. Viele Pilze, Blumen und Blätter, die sich für die Waldküche eignen, wachsen besonders gern in diesem lockeren Boden, wo Luft und Erde zusammenwirken.

Teufelskralle

An waldigen Böschungen schießen die Blätter im April nach allen Richtungen aus, sternförmig und auffällig fürs Auge. Das ist die Erntezeit für die frische Verwendung. Artverwandte im tieferen Wald bilden ebenfalls die typischen dreieckigen Zackenblätter mit dem schwarzen Fleck in der Blattmitte. Dort findet die Ernte später statt, und daraus wird ein Spinatgemüse gekocht.

Grüne Teufelseier
So veredle ich die überzähligen Ostereier.

> 2–3 Handvoll Teufelskrallenblätter oder mehr für einen kleinen Vorrat
> Raps- oder Sonnenblumenöl
> Salz
> 4 hart gekochte Eier

8 kleine, schöne Blätter beiseite legen. Die übrigen Blätter sehr fein von Hand mit einem Messer hacken und mit so viel Öl vermischen, dass eine dicke Paste entsteht. Oder bei größerer Menge die ganzen Blätter mit dem Öl zusammen mixen. Mit Salz abschmecken und 1 Stunde ruhen lassen. Die Eier schälen und längs halbieren. Das Eigelb herauslösen und in eine kleine Schüssel geben. Etwa gleich viel der grünen Paste dazugeben und beides mit einer Gabel gut vermengen. Die Eierhälften mit der Paste füllen und mit einem Blättchen verzieren.
Tipp: Übrig gebliebene Paste kann 3–4 Wochen im Kühlschrank aufbewahrt oder einer Wiesenpaste beigemischt werden.

Geißfuß, Giersch

Baumtropf wird diese krautige Grünpflanze auch genannt, vor allem wenn sie sich im Garten ansiedelt und dort quasi von den Bäumen fällt – so rasend schnell schießen die fünfteiligen Blätter den ganzen Sommer über hervor. Sie bleiben immer nahe am Boden und lieben den Schatten. Waldböden mit genügend Licht sowie waldnahe Wiesenränder liefern von April bis Juni massenhaft Jungblätter. Und netterweise heben sich diese, noch leicht gefaltet und glänzend, sehr deutlich von der übrigen Vegetation ab. Sie passen in jede Wiesenpaste, ihr angenehmes und dezentes Eigenaroma macht sich aber auch gut als Blattsalat. Und das Schönste bei diesem »Schreckgespenst aller Gärtner«: Je mehr Giersch ich ernte, umso weniger ärgert er mich, und meine Aggression verwandelt sich in Küchenfreude und Genuss.

Junge Teufelskrallenblätter.

Lebensgemeinschaft von Stein und Baum.

Grüner Mischsalat »Baumtropf«

Ein Blattsalat, mit waldigen Farben angereichert.

> 1 Salatsieb Kopfsalatblätter, etwas zerkleinert
> ½ Salatsieb junge Geißfußblättchen
> 1 Tasse Goldnesselblüten
> 1 Tasse Waldveilchenblüten
> evtl. 1 Esslöffel Waldmeisterblüten
> Essig und Öl
> Kräutersalz

Eine schlichte Salatsauce zubereiten und die beiden Blattsorten damit mischen. Mit den Blüten bestreuen und sofort genießen.
Waldmeister, der oft auch in dieser Pflanzengemeinschaft wächst, hat eine gewisse Dominanz im Aroma.

Wie der Wald begann

Auch auf Stein- und Sandböden können gute Wälder wachsen, denn die kräftigen Wurzeln der Bäume finden immer den Weg zu tiefer gelegenen Wasseradern. Am Anfang der Besiedlung gab es noch keinen Humus; dieser ist erst langsam aus den Zerfallsprodukten erster Lebewesen in Flora und Fauna entstanden. Nach der letzten Eiszeit, als sich die Gletscher in Europa zurückzogen, fing dieser Prozess wieder von vorne an. Die ersten Pionierbäume waren Birken und Kiefern (Föhren/Kiefern, Legföhren, Arven). Diese wachsen auch auf nacktem Felsen und gehören zu den ersten Gliedern in der »Recyclingkette«.
Der Wacholder-Zwergbaum liebt ebenfalls sandigen Grund; zusammen mit Föhren, Birken, bisweilen auch Berberitzen- oder Sanddornsträuchern besiedelt er die Auenwälder an alpinen und voralpinen Flüssen. Er bleibt klein, ist von gedrungenem und langsamem Wuchs – wie wenn er äußere Größe nicht nötig hätte, um sich zu beweisen ... Entsprechend heftig ist denn auch seine Botschaft im Mund. Der verwandte alpine Wacholder bleibt ein bodennahes Kleingesträuch; Zweige und Beeren sind bei beiden Sorten essbar und schmecken fein.

Wacholderschnaps »Wutanfall«

Die Kraft des kleinwüchsigen und gedrungenen Baumes kann beim Trinken das Gemüt überrumpeln ...

> Jungtriebe von Wacholderbäumchen,
> im August gesammelt
> Obsttresterbrand

Die Jungtriebe klein zerschneiden und in große Gläser mit Schraubdeckel füllen. Mit Obsttrester auffüllen und die Gläser verschließen. 5–6 Monate dunkel und kühl lagern, dann absieben. Der Schnaps mundet deftig-bäumig, für viele fast etwas aggressiv; nach 3–4 Jahren Lagerung wird er ausgewogener und dadurch noch »bäumiger«.

Wacholderbäumchen im Auenwald.

Wacholderdicksaft

Zum Würzen von Cremen, Gebäck und pikanten Speisen (statt Honig). Gehört zum Grundvorrat einer wildsinnlichen Küche.

> **Junge Triebe von Wacholderbäumen, im späteren Sommer gesammelt**
> **Zucker**

Nach dem Grundrezept auf Seite 10 einen Dicksaft zum Heiß-Einfüllen zubereiten. Er schmeckt – im Gegensatz zum Schnaps – viel milder und auch runder als der Dicksaft von anderen Nadelbäumen.

Wildes Maisgericht

Wacholder und Wildfleisch ergänzen sich wie zwei Stimmen im Duett.

> **2 Tassen in Stücke geschnittene Wurst (evtl. auch Reste von Schaf- oder Wildfleischgerichten)**
> **1 Zwiebel, geschnitten**
> **wenig Bratfett**
> **500 ml Bouillon**
> **150 ml Wacholderdicksaft**
> **500 ml Milch**

1½ Tassen grobkörniger Mais (z.B. Bramata) Wurst und Zwiebel in einem Kochtopf im heißen Bratfett rundherum anbraten. Mit Wasser und Wacholdersaft ablöschen. Die Milch beifügen und alles zum Sieden bringen. Den Mais einstreuen, gut umrühren und die Hitze auf kleinste Stufe stellen. Zugedeckt 30 Minuten aufquellen und garen lassen. Alles nochmals umrühren und sofort servieren. Falls sich die Gäste – der Jagd wegen? – verspäten, lässt sich dieses Eintopfgericht viele Stunden im Backofen warm halten.

Baumriesen brauchen Platz – Lärchen, Föhren und Fichten.

Baumriesen und bäumige Geschenke

Immer wieder stehen einzelne Bäume für sich, wie Vorboten oder Ausläufer der Baumgemeinschaft. Wie ausgeprägte Individualisten eben sind, beanspruchen Einzelbäume mehr Raum und Boden, als wenn sie sich im Verbund einordnen. Nicht alle Arten wissen diese Freiheit optimal zu nutzen: Birken und Ebereschen bleiben als Einzelbäume bescheiden, halten an ihrer Ausdehnung, aber auch im Waldesinneren fest. Buchen, Eichen, Fichten und Ahorne sind die Meister im Riesentum! Etwas bescheidener, aber dennoch sehr groß und breit nehmen sich Lärchen und Föhren im freien

Gelände ihren Raum. Wettertannen auf Weide-
gelände gehören zu den schönsten und größten
Baummüttern.

In einer Januarnacht wanderte ich über die Schaf-
weide oberhalb des Zusammenflusses von Hinterem
und Vorderem Rhein. Die dortigen Prachtsexemplare
von Nadelbäumen kannte ich vage vom Sommer
her, konnte sie jetzt aber nicht sehen. Plötzlich
spürte ich etwas Großes in meiner Nähe – weder
durch Berührung noch mit den Augen, sondern eher
instinktiv. Es war, als ob eine starke Persönlichkeit
mir entgegenträte und freundlich die Hand aus-
strecken würde. Ich fühlte mich klein und doch
irgendwie geehrt. Da erst sah ich den Baum knapp

neben mir; gewaltig floss seine Sicherheit in die
Weite hinaus. Es war eine Rottanne. Als ich ihre
Zweige berührte, fühlten sie sich in meiner Hand
stark und füllig an, wie gespannte Saiten. Ich wusste
sofort: Das sind die Zweige, die sich in diesem Jahr
in Sirup, Spirituosen und geheimnisvollen Drinks
»aufbäumen« und jene, die davon trinken, »bäumig«
machen würden. Nicht weit davon passierte mir
dasselbe mit zwei Föhren und dann noch mit einer
Lärche, bei der sogar der nackte Zweig in meiner
Hand noch Spannung hinterließ. Bei jedem dieser
großen Bäume ergriff mich ein leichtes Erschauern.
Ich musste mich selber wieder sammeln, um
weiterzugehen.

Dieses Erlebnis hatte ich fast vergessen, doch es holte mich im Sommer darauf wieder ein, und die vier Bäume erkannte ich mühelos. Die Ernte war das Größte, was ich mir je holen durfte, und die daraus hergestellten Getränke veränderten jedes Menschengesicht, wo immer sie genussvoll in den Mund flossen und ihre Botschaft hinterließen. Kein Wunder, denn in der Vitalität solcher Bäume sammelt sich die Widerstandskraft vieler Jahrzehnte oder Jahrhunderte; sie haben ihre Verwurzelung in Stürmen erprobt, in Trockenzeiten vertieft und aus ihr die Bodenfülle dem Himmel entgegengebracht – daher meint »sich aufbäumen« hier gesundes, schnelles Wachstum, nicht defensiven Widerstand. Ähnlich ist es bei Obst aus Hochstammkulturen; bei deren Lebenskraft kann eine Niederstammfrucht nie mithalten.

Baumwein »Wettertanne«

Belebend bei Mattigkeit. Dank der Gerbsäure auch als Aperitif oder Digestif geeignet. Als Tischwein zu Käse- und Gemüsegerichten. Erinnert an griechischen Retsina.

> 1 Salatsieb junge, aber schon ausgewachsene Fichtentriebe (zwischen Juni und September gesammelt)
> 3 l einfacher Weißwein (z.B. Chasselas/Gutedel)

Die Fichtentriebe mit einer Schere in sehr kleine Stücklein schneiden (ca. 1 cm lang) und 2–3 Monate im Weißwein einlegen. Dann die Fichtentriebe absieben und den gewürzten Wein in Flaschen abfüllen. Zum Servieren den Fichtenwein mit Weißwein im Verhältnis 1:1 oder 1:2 verdünnen.

Bergföhre im Föhntal.

Für Getränke sammle ich Baumteile immer von freistehenden Bäumen oder am Waldrand. Im Waldesinneren lässt es sich nicht gut ernten, da die Zweige erst in großer Höhe beginnen und unerreichbar bleiben. Auch brauchen diese Bäume die wenigen grünen Arme zum eigenen Atmen.

Waldwimpern

Das andere Essiggemüse.

> Junge Fichtentriebe vom Mai, die noch weich und rund sind
> Apfelessig
> etwas Bienenhonig
> Salz

Lärchenessig

Passt gut zu kräftigen, aber nicht bitteren Blatt-
salaten wie Lattich, Endivien, Weißkabis, aber auch
zu Karotten- oder Selleriesalat.

> 1 Salatsieb junge Lärchentriebe
> (zwischen Juli und September gesammelt)
> ....
> 2 l Weißweinessig
> ....
> 2 Prisen Salz

Lange Lärchentriebe halbieren oder dritteln. Im
gesalzenen Essig erhitzen und 5 Minuten köcheln
lassen. Abkühlen und in einem verschlossenen
Gefäß 2–3 Monate ruhen lassen. Dann die Lärchen-
teile absieben und den Essig in Flaschen abfüllen.

Waldiger Festschmaus im Winter

Allerlei Bäume zum Trinken und allerlei Boden-
früchte zum Essen. Zum Beispiel:

> 2 Tassen getrocknete Pilze aller essbaren Sorten
> ....
> 2 Tassen fertige, erkaltete Polenta (Maisbrei)
> ....
> 2 Tassen gekochter, erkalteter Reis
> Bärlauchknospen vom letzten Frühjahr (erhitzt
> und eingefroren) oder/und Bärlauchblätter,
> aufgetaut oder aus dem Öl gezogen
> ....
> Bratfett
> ....
> etwas Kräutersalz

Essig mit Honig und Salz erhitzen. Die Fichten-
spitzen portionenweise darin jeweils etwa 1 Minute
abkochen. Saft und Triebe separat abkühlen lassen
und dann zusammen in Gläser mit Schraubdeckel
füllen. Die Waldwimpern müssen mit Essig gut
bedeckt sein (notfalls mit Essig auffüllen). Sie
passen zusammen mit »Druidenperlen« (siehe
Seite 117) zu Raclette und in der Schale gekochten
Kartoffeln.
Tipp: Der nicht mehr benötigte Essig kann am
Schluss für Salate verwendet werden.

Die Pilze 1–2 Stunden in wenig Wasser einweichen
und darin kurz kochen, dann abtropfen lassen.
In einer weiten Bratpfanne das Fett erhitzen und
sämtliche Zutaten darin unter häufigem Wenden
braten. Dabei verklumpten Mais und Reis mit der
Bratschaufel zerkleinern. Alles soll leicht knusprig
und die einzelnen Zutaten gut erkennbar sein. Mit
Kräutersalz abschmecken und sofort, zusammen
mit einem kräftigen Wintersalat, servieren.

Dazu passt eine Mischung von Baumsäften (Reste), mit frischem Wasser oder Weißwein gespritzt – oder das perfekt gemischte »Hexenbad« (siehe unten). Varianten: Statt Bärlauch können auch Berberitzen- beeren mitgebraten und anstelle oder zusätzlich zu Polenta und Reis auch Gerste, Hirse oder Kartof- feln verwendet werden, je nachdem, was gerade zur Verfügung steht.

Hexenbad

Vier Bäume, vier Zubereitungen: Eine solch ganz- heitliche Mischung kann nur hexisch sein. Ein trunkener Weg zu bäumigen Geheimnissen.

FÜR ½ LITER:

200 ml Baumwein (siehe Seite 104)

20 ml Föhren- oder Fichtendicksaft (Rot- oder Weißtanne), nach Grundrezept Seite 10

20 ml Holunderblütensirup, kalt angesetzt, nach Grundrezept Seite 10

20 ml Wacholderschnaps (siehe Seite 101)

100 ml Weißwein (Chasselas)

150 ml Hahnenwasser

Alle Zutaten mischen. Bedächtig trinken. Am besten mundet der Trunk draußen in Waldesnähe, auf dem Balkon oder bei offenem Fenster – wo die Fantasie frei fliegen kann.

Varianten: Es können auch andere Mengenverhält- nisse und weniger verschiedene Bäume sein. Faszi- nierend ist das Spiel mit mehreren Baumaromen.

Es gibt in allen Kulturen der Welt viele Vergleiche zwischen Baum und Mensch oder Menschenleben. Sie reichen vom keltischen Baumkalender über Indianerweisheiten bis zum orientalischen Glau- bensbekenntnis »Gesegnet ist der Mensch, welcher im Göttlichen gut geborgen und vertraut ist: Er lebt wie ein Baum, der beim Bach gepflanzt ist und seine Wurzeln nach dem Grundwasser ausstreckt. Große Hitze und lange Dürreperioden mögen ihm ebenso wenig anzuhaben wie starke Regengüsse und heftige Winde. Er bleibt grün und trägt regel- mäßig Früchte, und er spendet zudem Schatten für viele« (Jeremia, um 600 v. Chr.).

Föhrenknospen im Pflückstadium.

Hexenbad.

Steinkraft: Felsen, Schluchten, Geröll

Pioniergeist una

Roter Holunder.

ollkühnheit

Steiniger Boden: So nennen wir ein schwieriges
Terrain in unseren beruflichen und politischen
Unternehmungen. Für viele Pflanzenarten gilt das
ebenso, für wilde wie für kultivierte. Steine wirken
abweisend, als möchten sie lieber für sich bleiben;
sie scheinen ihre eigenen Gesetze zu haben.
Trotzdem haben sich einige Organismen auf
steiniges Gelände spezialisiert. Zum Beispiel winzi-
ge Läuse, die auf Fels einen Lebensraum gefunden
haben, einige sogar auf Gletschereis. Im Gebirge
leuchten auf Steinbrocken langsam wachsende
Flechten in vielen Farben und schweigen sich aus
über all die Eindrücke, welche die Erdepochen bei
ihnen hinterlassen haben. Aushalten in der Karg-
heit. Kompromisse gibt es hier keine wie in Wäldern,
Wiesen und Gebüschen. Die Pflanze lässt sich
auf den Fels ein, richtet sich nach ihm und findet
Hilfe und Rückhalt in dieser stummen Härte,
denn das Wissen des Steins ist noch viel älter als
jenes der pflanzlichen Organismen.

An der Felswand, etwa zwanzig Meter über mir,
lachte eine kleine kräftige Föhre. Erde, um sie
zu halten und zu nähren, war keine sichtbar – ein
Rätsel. Ich suchte, dem Fuß der Wand entlang
kriechend, den Wurzelansatz. Da endlich: Ein Strang
von vier bis fünf verschränkten Sehnen stieg vom
Boden her in Richtung Föhre, nur zuunterst sichtbar.

Weiter oben quetschte er sich in eine vertikale Spalte, um sich erst zwei Meter unterhalb des Stammes als Freiwurzel vom Fels zu lösen. Diese trug den Baum, so wie ein Kandelaber die Kerze. Wieder einmal, wie so oft bei solchen Schicksalsgemeinschaften von Felsen und Wurzeln, fragte ich mich: Wer hat wen gesucht, der Fels den Baum oder der Baum den Felsen?

Föhrenwein »Felswand«

2 Handvoll junge Föhrentriebe, gesammelt im Mai/Juni
1 l Weißwein

Die Föhrentriebe mit einer robusten Schere in 1 cm lange Stücke schneiden und diese mit dem Wein in ein gut verschließbares Gefäß geben (z.B. Pet- oder Glasflasche mit weitem Hals). 1–2 Wochen an der Sonne oder 2–2½ Monate in schattiger Kühle (dann ist er länger haltbar) ruhen und ziehen lassen. Absieben und den Wein gut verschlossen aufbewahren. Unverdünnt trinken, als Aperitif- oder Abendgetränk.
Variante: Nach dem Absieben etwas Waldhonig gut unter den Wein mischen; das ergibt einen metartigen Desserttrunk.

Wenn der Berg ruft, ruft er immer Einzelne. Die, welche es wagen, dem Ruf zu folgen, bleiben Einzelgänger. Ob das Bergsteigerinnen, Hirten oder betende Eremiten sind, Tiere oder Pflanzen, der Ruf zum Ursprung verpflichtet und bindet. Steine bewahren in sich die Naturgesetze in Form von kristallinen Strukturen und energetischen Feldern. Dem Stein haben in Vorzeiten auch die Menschen wichtige Dinge anvertraut, ihm wörtlich einverleibt, damit er sie verwahre. Stein als Schreibfläche – welch mühsames Unterfangen! – wurde nur für bindende Verpflichtungen, also Gesetze, Verträge und Stammbäume, verwendet. Für Geschichten und Liebesgedichte schrieb es sich auf Ton oder Tierhaut einfacher.

Wermut

Wie Schriftzüge in Stein gemeißelt, prägt sich im Gebirge der Duft des frischen Krautes ein, wenn ich ein Blatt zwischen den Fingern zerreibe. Wermut duftet unverkennbar, klar, kühl, ernst – irgendwie belehrend. Wenn man auf Bergwanderungen ein Zweiglein Wermut in der Jacke trägt und es hin und wieder an die Nase hält, droht kein Ermatten und keine Zerstreutheit beim Suchen des Wegs. Wermut liebt das Ödland, das aber auch mitten im Dorf oder am Wegrand im Industriequartier zu finden ist: eine alte Gartenmauer, ein Haufen liegen gelassener Steine, bloß sonnig und trocken muss es sein. Je heißer und je steiniger, umso stärker duften die großen, silbrig-graugrünen Ruten mit den zitronengelben Blütenreihen – unübersehbar und »unüberriechbar«. Solche Standorte suche ich zum Sammeln am liebsten auf, denn ich verwende die Pflanze automatisch sparsamer. Die berühmte Giftigkeit des Wermuts zeigt sich erst bei größeren Mengen und am meisten nach dem Erhitzen im Tee. Als Wermutstropfen im Leben bezeichnen wir die kleine Bitterkeit, die bei schwierigen Erlebnissen oder Begegnungen in einem aufkommt. Er lässt uns aber auch aufmerksam werden, hilft erkennen und animiert zum Verarbeiten. Ganz ähnlich weckt der Tropfen Wermut auch, sobald er die Zunge berührt: Es entstehen sofort interessante, geistreiche Gespräche, und die Verdauungsorgane sind alarmiert und bereiten sich schleunigst auf ein schweres Essen vor.

Wermutblüten (oben) und -blätter (unten).

Heilender Trauerflor

Getrocknete Blätter und Blütenrispen
von Wermut
weicher Schieferstein (z.B. aus Graubünden)

Die Wermutzweiglein von Hand fein bröselig verreiben. Vom Schiefer etwas abbrechen und zu Mehl zerdrücken oder die Bruchflächen von zwei Steinstücken aneinander reiben. Beides in einer kleinen flachen Schale gut vermischen.
Das (sch)wermütige Steinmehl langsam auf der Brust und den Oberarmen einreiben, oder dort am Körper, wo es gut tut. Still halten und sich der kühlenden Kraft eine Weile hingeben. Dann das Steinpulver nur wegblasen oder mit einem trockenen Tuch leicht abreiben. So bleibt ein feiner Hauch von Bergkraft und duftender Geborgenheit in der Haut. Kein Wasser verwenden! Wer mag, kann die eingeriebene Haut ganz wenig mit der Zunge abschlecken, um auch im Mund die Bergkraft zu kosten …
Falls kein Wermut vorhanden ist, kann auch der Stein allein verwendet werden; es kann auch Sand sein oder trockene Erde.

Wermutwein

2 Handvoll frischer Wermut (feine Zweiglein
und untere Blätter)
1 l Weißwein

Den Wermut in etwa 2 cm lange Stücke schneiden und mit dem Wein in ein gut verschließbares Gefäß geben (z.B. Pet- oder Glasflasche mit weitem Hals). An einem schattigen Ort ruhen und ziehen lassen: zum unverdünnt Trinken 3 Tage, zur Verwendung als Würzwein und zum Mischen 3 Wochen. Haltbarkeit: 2 Jahre.

Tipp für die größten Hitzetage: Trinkwasser mit 1 Spritzer Zitronensaft und 2–3 Spritzern Wermutwein aromatisieren – ein Durstlöscher aus alten Zeiten, auch geeignet auf langen Wanderungen.

Zartbitteres Erfrischungsgetränk »Narrenlachen«
Der klassische Berg-Aperitif oder Verdauungstrunk.

300 ml Wermutwein
200 ml fertig gekaufter Himbeersirup
1–1½ l Mineralwasser mit Kohlensäure

Die Himbeer-Wermut-Mischung mit dem Mineralwasser verdünnen und genießen.
Tipp: Das Getränk mit frischen Himbeeren bereichern und mit einem Wermutzweig am Glasrand dekorieren.

»Hexengalle«
Bitter und süß, eine Art Alpen-Campari, nur geheimnisvoller.

100 ml Vogelbeersirup, nach Grundrezept
Seite 10
100 ml kalt angesetzter Sirup aus wilder Minze,
nach Grundrezept Seite 10
100 ml Himbeersirup, fertig gekauft oder selbst
gemacht
50 ml Wermutschnaps, nach Rezept Schafgarbenschnaps, Seite 158, zubereitet
1–1½ l Mineralwasser mit Kohlensäure

Die vier Konzentrate gut mischen und mit dem Mineralwasser aufgießen. Kühl servieren. Der minimale Alkoholgehalt erlaubt auch Autofahrenden unbesorgten Genuss.

Beim Genuss von »Hexengalle«.

Rotes Aperitifgetränk mit Wermut.

Tipp: Die Grundmixtur lässt sich unverdünnt mehrere Monate aufbewahren.

Felswand ... Ich präge mir die Mitteilung ein und suche gleichentags weiter hinten einen gangbareren Weg und bekomme schließlich, zwischen gefährlich-haltlosen Blöcken turnend, die größten Holunder-trauben mit der Hand zu fassen.

Roter Holunder

Dieser strauchartige Baum liebt felsiges Gelände mit speziellem Mineralgehalt. Er bevorzugt Moränenzüge und andere humusarme Steinfelder. Er ist dabei recht wählerisch und braucht immer etwas freien Raum um sich herum (Waldlichtungen), obwohl seine Äste eher spärliches Laub tragen. Geheimtipp: Große, einst zu Tal gedonnerte Stein-brocken und Felsgefüge in der Schlucht bieten in ihren dunklen, feuchten Hohlräumen oft den Wur-zeln des Holunderstrauchs einen bevorzugten Platz. Man erkennt das Genie an seinen Taten, sprich an seinen Früchten, denn die größten, farbigsten und gesündesten Beeren, ohne Mehltau, ohne Fäulnis oder unregelmäßige Reifung finde ich in solchem Gelände: In der Schlucht schreit ihr leuchtendes Rot schauerlich von gegenüber aus einer Nische in der

Reife Holunderbeeren.

Holunder-Himbeer-Drink »Sommerlied«

> 100 ml Roter-Holunder-Süßsaft, nach Grund-
> rezept Seite 11
> 100 ml Himbeersirup, fertig gekauft oder selbst
> gemacht
> Mineralwasser mit Kohlensäure

Holundersaft und Himbeersirup in ein Glas oder bei größerer Menge in einen Krug geben und mit Mineralwasser verdünnen. Achtung: Der gelbe Schaum, der sich darauf bildet, gehört dazu und stammt vom fetthaltigen gelben Fruchtfleisch. Das fremdartig Herbe des Holunders verbündet sich angenehm mit dem freundlichen Himbeeraroma.

Tipp: Wenn es schmeckt, den Roten Holundersaft vor dem Heißeinfüllen mit Himbeersirup 1:1 mischen.

Variante: Den Himbeersirup ganz oder teilweise durch frische Himbeeren ersetzen. Diese vor dem Verdünnen mit dem Holundersaft pürieren. Dies ergibt einen weniger süßen, dafür fruchtigen Drink mit »Biss«.

Begeistete Variante »Schluchtenfieber«: In ein Drinkglas 2 cl (20 ml) Holunder-Süßsaft, 2 cl (20 ml) Himbeersirup und 4 cl (40 ml) Wodka geben und mit Mineralwasser mit Kohlensäure auffüllen.

Tipp: Um die felsige Kraft zu erhalten, einen Stein vom Bergbach in das Getränk geben.

Heißer Punsch »Roter Abgrund«

> 100 ml Roter-Holunder-Süßsaft, nach Grund-
> rezept Seite 11
> 25 ml Cassissirup
> 25 ml Himbeersirup

Alle Zutaten mischen und mit 500–700 ml heißem Wasser aufgießen.

Begeistete Variante: Den Punsch mit einem Schuss Rum oder Zwetschgengeist anreichern.

Himbeere

Die königliche Seite einer grauen Geröllhalde: wilde Himbeeren vom Feinsten! Kaum ein Insekt wagt es an diesem Standort, sich Eier legend an den Früchten zu vergreifen. Im Steinfeld gedeihende Himbeeren bleiben weitgehend wurmfrei, sind von tiefroter Farbe und schwerer Süße – offensichtlich verleiht die nackte Kombination von Fels und Himmel der Frucht eine eigene Würde und Immunität, die alle tierischen Parasitengelüste in den Wind zu schlagen scheint.

Sünd und schade wäre es, aus solchen Beeren Sirup oder Konfitüre zu machen; Letztere wird viel zu stark im Aroma, sodass sie die zarten Düfte von Butter und Brot erschlagen würde. Da gibt es nur eines: frisch essen, einfrieren oder »begeisten«!

Himmel im Mund

Nach dem Lieben in freier Natur oder als Hochgenuss beim Alleinsein.

> Frische Himbeeren, direkt ab Strauch an steiniger
> Halde gepflückt

Im Steinland verweilend, die Himbeeren einzeln pflücken und mit ihrer ganzen Sonnenwärme in den Mund stecken. Mit der Zunge die Beere sanft an den Gaumenbogen drücken und in ihrer ganzen Fülle genießen. Sehr langsam schlucken, um den Nachklang nicht zu verpassen.

Roter Holunder an ausgesetztem Standort (Viamalaschlucht).

Himmlisches Himbeergebäck

         110 g weiche Butter

         1 Prise Salz

         170 g weißer Zucker

         2 ganze Eier

         1 Tasse frische wilde Himbeeren oder

         beschwipste Himbeeren von selbstgemachtem

         Himbeerlikör

         220 g weißes oder halbweißes Mehl

         1 Teelöffel Backpulver

Die Butter mit Salz, Zucker und Eiern zu einem glatten Teig verrühren, dann die Himbeeren und anschließend Mehl und Backpulver daruntermischen. Den Teig in eine mit Backpapier ausgelegte Kuchen- oder Cakeform füllen (der Kuchen soll eher flach werden). Bei 180–200 Grad etwa 20 Minuten backen.

Für ein viereckiges Blech in Backofengröße (mit Backpapier belegt) die doppelte Zutatenmenge verwenden.

Tipp: Dazu passt ein Schlagrahmschäumchen und frech-karminrot leuchtendes kalt angesetzter Himbeersirup (siehe Seite 10).

Himbeeren im alpinen Steinland.

»Himmelleuchten«, kalt angesetzter Himbeersirup.

Vogelbeerbaum (Eberesche)

Die Bäume mit den gefiederten Blättern und den dekorativen Beerendolden suchen das Licht und den kargen Boden; in Wäldern kommen sie selten vor. Ihre Beeren behalten wie die Hagebutten das belebende Fruchtrot bis weit in den Winter hinein. So sehen Menschen und Zugvögel sie von weitem; in den Baumkronen holen sich die Vögel ihren Treibstoff für den Flug, während die unteren Beeren mit ihren Vitaminen und vielen anderen kräftigenden Substanzen für den Menschen bereitstehen. Vogelbeeren halfen unseren Vorfahren, die kalte und lichtarme Zeit zu überstehen. China hat den Ginkgobaum, Nordamerika den Sonnenhut, Nord- und Mitteleuropa die Vogelbeeren – in jedem Erdteil wächst das, was Tiere und Menschen für ihre Gesundheit brauchen. In Kriegszeiten wurden Vogelbeeren als Kompott gegessen.

Die Wörter »erquicken«, »Quick/quicklebendig« und »quecksilbrig« gehen auf alte Vogelbeerrituale für Gesundheit und Fruchtbarkeit zurück. Diese begleiteten unsere Kulturgeschichte von den Kelten und Germanen bis weit in die kirchlich dominierte und terrorisierte Neuzeit hinein und wurden dann natürlich vorwiegend im Versteckten praktiziert. Im Zusammenhang mit dem von der Kirche verfassten »Hexenhammer« und den Wellen von sogenannten Hexenverbrennungen ist auch die Eberesche im 16. Jahrhundert als giftig erklärt worden. Dies hat sich in der Volksmeinung bis heute gehalten. Nun: Weiber und Bäume, beide haben überlebt.

Die in den Kernen enthaltene Blausäure verschwindet beim Kochen gänzlich, während dies bei anderem Kern- und Steinobst nicht der Fall ist. Frische Vogelbeeren sind dermaßen sauer und bitter, dass sich die Einnahme von Blausäure von selbst im richtigen Maß hält ...

Rote Knabberbeeren

Drei bis fünf Beeren pro Tag decken im Winter den ganzen Vitaminbedarf, und trockene Vogelbeeren sind praktisch zum Mitnehmen für unterwegs.

Vogelbeeren, von den Stielen gestreift

Die Vogelbeeren auf feinmaschige Gitter legen und im Dörrapparat oder im Kachelofen langsam trocknen lassen. Dadurch verlieren die Beeren viel ihrer Säure und Bitternis. Den ganzen Winter über von den Beeren knabbern – damit lässt sich viel Geld für Apotheke und Drogerie sparen.

Druidenperlen

(Rezept Matthias Küchler)
Die einfachste Art, damit Vogelbeeren munden, ohne Säure und ohne Bitterkeit.

1 Litermaß voll Vogelbeeren, abgestielt
300–400 g Birnendicksaft (Birnel)

Die Vogelbeeren mit dem Birnendicksaft erhitzen und etwa 5 Minuten unter Rühren kochen. Im Topf auskühlen lassen und erst dann den zähflüssigen Birnendicksaft abgießen. Die glasierten Beeren halten sich ohne Vakuumieren 3–4 Monate im Kühlschrank; auch mehrmaliges Einfrieren und Auftauen ist möglich. Passt zu Raclette, Käsegerichten, Fleisch, ebenso als Zutat für Süßes: Glace, Brot, Gebäck.

Tipp: Den abgegossenen Birnendicksaft, mit dem Pfiff der Vogelbeere, mit etwas Gelierpulver zu einem pikanten Gelee kochen oder für einen winterlichen Fruchtsalat verwenden.

Vogelbeerbutter

Als süßer Brotaufstrich oder zum Würzen
eines Teiges für Tee-Konfekt.

150–200 g sehr weiche Butter
1 Tasse Druidenperlen (Rezept Seite 117)

Butter und Vogelbeeren mit dem Stabmixer gut
pürieren. Die rote Butter in kleine Gefäße abfüllen
und kalt stellen oder einfrieren. Durch das Butterfett
wird der Geschmack der Beeren nochmals milder.
Tipp: Mit der Vogelbeerbutter Sablés backen. Sie
schmecken betörend, fruchtig-karamellig.

Vogelbeer-Karottensuppe

Zwei Winterköniginnen für den Winter
in verschiedenen Rottönen – das wärmt!

500 g frische Karotten
1 große Zwiebel
1 Esslöffel Butter
1½ Esslöffel Mehl
800 g Wasser
1 l Gemüsebouillon
1½ Tassen Druidenperlen (siehe Rezept Seite 117)
1 Tasse Vogelbeer-Birnendicksaft (siehe Seite 117)

Die Karotten schälen und in dünne Scheiben
schneiden, die Zwiebel fein hacken. In einem Topf
die Butter erwärmen, Zwiebel und Karotten darin
andünsten. Das Mehl darüberstreuen und alles gut
vermischen. Die Bouillon dazugießen und aufkochen. Dann die Vogelbeeren samt Saft beifügen
und die Suppe bei kleiner Hitze 30–50 Minuten

Vogelbeerbaum.

Vogelbeer-Karottensuppe.

köcheln lassen. Zwei Drittel der Suppe im Mixer pürieren und wieder zur restlichen Suppe zurück in den Topf geben.

Vogelbeersalz

Rotes Salz ist selten. Dieses schmeckt weder bitter noch sauer, sondern wunderbar rund.

Getrocknete Vogelbeeren (im Herbst gedörrt)

Meersalz nature

wenig süßes Paprikapulver

Vogelbeeren und Salz zu gleichen Teilen zusammen mixen; dabei ein- bis zweimal pausieren, damit der Mixer nicht überhitzt. Das dunkelrosa Salz mit etwas Paprika abschmecken.
Tipp: Dieses Rezept eignet sich zum Aufbrauchen nach dem Winter übriggebliebener und dann etwas verblichener getrockneter Beeren.

Hexenaugen

Die etwas frecheren Apérohäppchen. Sie heben sich gut ab zwischen dem vielen Grün auf dem Wald-und-Wiesen-Buffet.

Kleine Scheibchen von Pumpernickelbrot

streichfähiger Nature-Frischkäse

Vogelbeersalz (siehe Rezept links)

Druidenperlen (siehe Rezept Seite 117)

Die Brotscheiben mit etwas Frischkäse bestreichen und mit etwas rotem Salz bestreuen. Auf jedes Brot in der Mitte noch 3–4 Druidenperlen drücken.

Vogelbeerbrot

Ein abenteuerliches Süßbrot, mit einer ausgewogenen Mischung zwischen fruchtig und bitter.

30 g Hefe

1 Esslöffel Zucker

1½ Teelöffel Salz

300 g Vollkornmehl, geschrotet oder mittelfein gemahlen (Schrot am Vortag einweichen)

ca. 500 ml Wasser, lauwarm

ca. 1½ Tassen Druidenperlen (Rezept Seite 117)

200 ml Vogelbeer-Birnendicksaft (siehe Seite 117)

300–400 g Weißmehl

Die Hefe mit dem Zucker verrühren und auflösen. Mit Salz, Vollkornmehl und zwei Drittel des Wassers in einer großen Schüssel verrühren. ½–1 Stunde an einem warmen Ort gehen lassen.
Die Druidenperlen mit dem restlichen Wasser kurz mixen und in den Teig einrühren, ebenso den Vogelbeer-Birnendicksaft. Nun so viel Weißmehl einarbeiten, dass der Teig schwer vom Kochlöffel fällt, aber noch zu flüssig zum Kneten von Hand ist.

Den Teig weitere 3–4 Stunden aufgehen lassen, dann in eine ausgebutterte Cakeform füllen oder in Spiralform gedreht auf ein Backblech setzen. Zuerst kurz bei 250 Grad, dann bei 180 Grad 50–60 Minuten backen. Garprobe: Beim Klopfen auf den Boden des Brotlaibs sollte es hohl tönen. *Variante:* Statt in einen Brotteig können die Druidenperlen mit Saft auch einem Biskuitteig beigefügt werden.

Mehlbeerbaum

Der Mehlbeerbaum liebt wie die Eberesche karges Grasland oder Steinhaufen, die er mit seinen Wurzeln zusammenhält. Früher wurden die roten Mehlbeeren als Getreideersatz zum Brotbacken verwendet, heute wird der Baum kaum mehr genutzt. Im Herbst 2007 gab es nirgends in den Wäldern Graubündens Vogelbeeren, außer in Gärten und Anlagen. Ich war verzweifelt. Stattdessen reiften Mehlbeeren in solchen Mengen und in makellos leuchtendem Rot, dass es allen Leuten auffiel. Es war wie ein Rufen: »Nimm mich bitte!« Ich las in Fachbüchern nach und fand heraus, dass die Mehlbeere mit der Vogelbeere eng verwandt und somit essbar ist. So sorgt die Natur dafür, dass, wenn die Vogelbeere einmal pausiert, eine nahe Verwandte die Versorgung übernimmt! Ich war überwältigt von dieser Einsicht und fing sofort im Oktober mit Ernten an.

Die Beeren schmecken mild bis fad, sind aber angenehm mehlig im Mund. Einige habe ich getrocknet und später mit der Steinmühle zu Mehl für Mischbrotteig gemahlen. Die anderen habe ich eingefroren und im folgenden Winter zu neuen Delikatessen verarbeitet.

Mehlbeermus

Das Mus schmeckt mild und hat eine rauhe mehlige Konsistenz; es kann pur gegessen oder in verschiedenen Zubereitungen weiterverwendet werden.

Abgestielte Mehlbeeren, frisch oder aufgetaut
Wasser
Zucker
nach Belieben Süßsaft von Schwarzem Holunder oder von roten Johannisbeeren zum Färben

Mehlbeerbaum.

Mehlbeeren Ende Oktober.

Die Mehlbeeren in einem Topf, mit Wasser knapp
bedeckt, aufkochen und ½ Stunde bei kleiner
Hitze gar kochen. Mit dem Stabmixer direkt im Topf
pürieren. Mit Zucker abschmecken (wenn Fruchtsaft
beigefügt wird, reduziert sich die Zuckermenge).
Dieses Grundmus kann für späteren Gebrauch gut
eingefroren werden.

Mehlbeerjoghurt

Eine erfrischende und nährende Köstlichkeit
aus freier Wildbahn.

> 1 Becher Joghurt nature (180 g)
> 2 Esslöffel Mehlbeermus (siehe oben)
> nach Belieben 1 Esslöffel Wildfruchtsaft

Den Joghurt mit dem Mehlbeermus vermischen.
Zum weiteren Abschmecken passt jeder Fruchtsaft,
weil das Mehlbeeraroma sich wie ein samtener
Teppich darunter ausbreitet.

Mehlbeerkuchen

Das Mus ersetzt einen Teil des Mehls und macht
den Kuchen feucht und lange haltbar.

> 250 g weiche Butter
> 3 Esslöffel Speiseöl (nicht Olivenöl)
> 200 g Zucker
> 2 Prisen Salz
> 6 ganze Eier
> 3 Tassen Mehlbeermus
> 400 g Mehl
> 1 Päckchen Backpulver
> nach Belieben Hagelzucker

Butter, Öl, Zucker, Salz und Eier zu einem Teig
rühren, das Mehlbeermus beifügen und gut verrühren. Mehl und Backpulver darunterziehen. In
eine gefettete Kuchenform von 24 cm Durchmesser
füllen und nach Belieben mit Hagelzucker bestreuen. Bei 180 Grad im vorgeheizten Backofen
60–70 Minuten backen.

Je höher der Standort, an dem sich die Vegetation
mit der steinigen Bergwelt einlässt, umso mehr
zieht das Grün sich zurück. Wenn über dem Flach-
land eine Nebeldecke liegt und den Herbst
beschleunigt, kosten Blümchen in Felsspalten jeden
weiteren Tag der für sie so kurzen Sommerzeit
aus. Stein und Blüte – farbiges Lied, das Erde und
Himmel in Hoch-Zeit verbindet! Und dies wörtlich
gemeint, denn im Hochgebirge, weit über der Vege-
tationsgrenze, findet man Blumen in allen Farben,
ohne jede Spur von grünen Blättern. Beim Klettern
auf 3200 Meter Höhe leuchten mir ganze Gruppen
von violetten, roten, gelben, weißen Blumen ent-
gegen; viele von ihnen duften sogar. Der hellblaue
Himmelsherold benennt das, was ich dabei empfin-
de: eine spirituelle Erregung in der steinigen Urwelt.

Weiden, Alpen, Brachen

Kulturromantik

Alpsommer.

...nd Tierparadies

Freies Grasland, das sowohl von Haus- wie auch von Wildtieren beweidet wird, ist eine der ältesten Symbiosen von Natur und Kultur; hier hat sich das eigentliche Sammeln, das Fressen direkt ab Boden bis heute erhalten, ohne dass anbauend oder zusätzlich düngend in den Pflanzenkreislauf ein-gegriffen wird. Statt der Menschen sind es hier die Milch und Fleisch gebenden Haustiere, die sich von dem ernähren, was die freie Wildbahn zu bieten hat. Noch früher, vor der Sesshaftigkeit mit Tier-haltung, sammelten und jagten die Menschen selbst. Und jetzt tun sie es wieder: Sammelweiber und wilde Männer lassen sich von den schmack-haften Blättern der Urwiesen von Weiden, Alpen und Brachen beschenken. Diese stehen mit wenigen Ausnahmen im Besitz des Gemeinwesens und sind deshalb öffentlich zugänglich und für alle verfügbar.

Heimweiden, Allmenden

Weiden sind Zwischenflächen, die am Rand unserer landwirtschaftlichen Anbauzonen liegen und den Übergang zur eigentlichen Wildnis, zu Wald oder Gebirgswüste, bilden. Weiden wurden nicht angepflanzt, sie sind einfach da, als reich gedeckter Tisch der Gastgeberin Erde. Durch regelmäßiges Abweiden wird Strauch- und Baumwuchs verhin-

Voralpines Weideland (oben) und alpine Waldweide in Dorfnähe (unten).

dert. Die größten zusammenhängenden Weide-
flächen Europas finden sich einerseits im Norden
und Osten – ausgedehnte Heide, Steppe oder Prärie,
Tundra – und andererseits in den Alpenländern
oberhalb der Waldgrenze. In tieferen Berglagen gibt
es noch vielerorts die mittelgroßen dorfeigenen
Weiden oder die nur locker bestockten Weidewälder.
Zudem sind immer mehr Wiesen, die früher noch
gepflegt und gemäht wurden, wieder zu beweideter
Wildnis oder extensiver Bewirtschaftung zurück-
gekehrt – ohne Aufbegehren und ohne Vorwurf. Die
Flora wird vielfältiger, und das Gras wird zuneh-
mend durchsetzt von Disteln, Schafgarben, von wür-
zigen Heilkräutern und allerlei Blumen, von hoch-
schießendem Ampfer, wildem Spinat und von dem
sich an heißen, trockenen Stellen eher flächig aus-
breitenden Thymian. Aus kleinen Inseln von Hah-
nenfuß oder Brennnesseln, die weder abgefressen
noch gemäht werden, bilden sich in wenigen Jahren
heimliche Schutzzonen für weitere Pflanzenarten
und für Kleingetier. Tief unten im Boden ahnen die
Samen von Brombeeren, Schwarzdorn und Hundsrose, dass sich etwas verändert hat; auf geheimnisvolle Weise spüren sie die Botschaft, erwachen
aus dem jahrhundertealten Schlaf und keimen. Die
grünen Inseln erhalten so ein dorniges Schutzgitter.

Wilder Lauch

Der kleine, würzige Lauch findet sich zwar auch
zwischen Wiesenrand und steinigem Heckenboden.
Er gedeiht dort auch bei den trockensten Frühjahrs-
bedingungen prächtig. Und doch: Die größten
Kolonien und die dicksten Exemplare finde ich auf
Weidewiesen, die nie geschnitten werden und spora-
disch eine frische Düngung von Rindern und Pferden
erhalten. Mich betört diese Pflanze immer wieder
von neuem: Wilder Lauch schmeckt viel würziger

als die kultivierte Gartenpflanze und lässt sich auch
gut als Ersatz für Zwiebeln verwenden. Er ist klein,
aber alles an ihm ist essbar, von der grünen Spitze
bis zum weißen, runden Zwiebelchen. Um dieses
mitzuernten, grabe ich mit einem Messer jeden
Lauchstängel einzeln aus dem Boden. Im Garten
pflanze ich den Lauch für Herbst und Winter, und im
Frühling habe ich den Lauch gratis vom Wildland.
Roh genossen ist er viel weniger zäh als Garten-
lauch.

Wildlauch-Grünkern-Burger »Knusprige Weide«

Nicht bloß für Vegetarier, sondern auch eine Neu-
entdeckung für »Fleischtiger«!

> 2 Tassen ganze Grünkernkörner
> 1 Tasse Kichererbsen
> 4–5 Tassen fein geschnittener gerüsteter
> Wildlauch
> Bratöl
> 5 Eier
> Kräutersalz und Pfeffer aus der Mühle
> etwas Weißmehl
> FÜR DIE SAUCE:
> 300 g Nature-Joghurt, flüssig oder mit wenig
> Wasser verdünnt
> aromatisches Kräutersalz aus Wildnis, Garten
> oder Laden
> 1–2 Knoblauchzehen, gepresst
> 3 Spritzer Zitronensaft

Grünkern und Kichererbsen am Vortag mit kochendem Wasser übergießen und 8–10 Stunden aufquellen lassen.

Wilder Lauch im Frühling.

Den Lauch in einer Pfanne in wenig heißem Öl kurz andünsten und mit etwas Wasser ablöschen. Auskühlen lassen.

Grünkern und Kichererbsen absieben und das Einweichwasser wegschütten. Den Lauch mit Eiern, Salz und Pfeffer zum Getreide geben und alles gut mischen. So viel Weißmehl darunterrühren, bis die Masse knapp die für Burger übliche Konsistenz hat. Die Mischung nochmals 1–2 Stunden ruhen lassen. In einer weiten Bratpfanne reichlich Öl erhitzen. Mit einem Löffel Portionen der Mischung abstechen, ins Öl setzen und beidseitig zu Burgern braten.

Dazu gehört eine pikante, leichte Joghurtsauce: Joghurt mit Kräutersalz, wenig Knoblauch und Zitronensaft verrühren. Farblich und als Verdauungshilfe passen dazu auch ein paar »Druidenperlen« (siehe Seite 117) mit ihrem erfrischenden Rot.

Alpweiden im Gebirge

Die ausgedehnten Alpweiden oberhalb der bewohnten Gebiete sind noch mehr sich selbst überlassen als Weiden in Dorfnähe; über der Waldgrenze liegend, entziehen sie sich naturgemäß weitgehend der bewirtschaftenden Menschenhand. Je höher ich steige, umso niedriger wird das Gras, umso dünner die Humusschicht überhaupt und umso mehr und farbigere Blumen bedecken den felsigen Bergboden. Bei den hier herrschenden großen Temperaturunterschieden und dem gleißenden Licht wird mir bewusst, wie nahe ich hier dem Himmel bin. Auch die Pflanzen merken es, denn ihr organisches Leben zwischen Fels und Luft verdichtet sich zu einer dünnen, aber kompakten Schicht von Pioniergeist und Qualität. Blumen nehmen in Duft und Größe zu und betören heftig. Wurzeln, Stängel, Blätter aber werden immer kleiner und lederner, und jedes grüne Teilchen braucht noch Schutzhüllen gegen Frost und Dürre. Stiefmütterchen und Alpenthymian verwalten das Geheimnis der Duftorgie am besten für die Alpenküche.

Wo das Grün schwindet, leuchten dafür – ein physikalisches Phänomen – die anderen Farben umso greller, ja sie blenden fast. Und im Gegensatz zum Blatt- und Stängelgrün werden die Blüten mit zunehmender Meereshöhe frappant größer, gipfelnd in der gelben Gemswurz und der tiefblauen Alpenakelei: Beide halten mit Blütendurchmessern von 4 bis 8 Zentimetern den Größenrekord. Dort oben, wo jedes Leben, auch das meine, eher zu Gast denn heimisch ist, sammle ich Alpenrosenblüten und Preiselbeeren mit Ehrfurcht und Andacht.

Blumencreme in den Sennentagen

Die Blumengesichter erfreuen den Menschen, bevor sie im Kuhmaul verschwinden und zu Milch werden.

> 1 mittelgroße Schüssel voll Alpenrosen ohne Blätter, Stiefmütterchen, kugelige Teufelskralle, Hornklee
> ....
> 2 Esslöffel Zucker
> ....
> 1 l Joghurt mit Fruchtaroma
> ....
> 200–300 ml Schlagrahm

Ein paar schöne Blüten feucht, kühl und verschlossen aufbewaren. Die übrigen Blüten mit dem Zucker vermischen und in einem verschließbaren Gefäß 1½ Tage ziehen lassen; ab und zu stürzen oder umrühren.
Dann Joghurt und Rahm zu einer Creme verrühren. Die Blüten mit dem entstandenen Saft daruntermischen und die angerichtete Creme mit den beiseite gelegten Blüten schmücken.

Alpenrosen.

Alpiner Savarin

Die samtige Güte der Blumen entschädigt für die Härte der Bergwelt.

TEIG:

15–20 g Hefe

2 Esslöffel Zucker

200 g Mehl

100 ml lauwarme Milch

½ Teelöffel Salz

60–80 g weiche Butter

2 ganze Eier

etwas Butter und Mehl für die Form

SAUCE ZUM TRÄNKEN:

3 Tassen frischer Stiefmütterchentee,

mit sehr vielen Blüten darin

150 g Zucker

1 Spritzer Zitronensaft

100 ml Violenschnaps »Verwandlung«

(Rezept Seite 80)

10–20 frische Stiefmütterchen

Schlagrahm nach Belieben

Die Hefe mit dem Zucker verrühren und auflösen. Mit allen übrigen Zutaten vermischen und zu einem Teig rühren. Den Teig in kleine ausgebutterte Förmchen verteilen. Die Teigportionen auf das Doppelte aufgehen lassen. Bei 200 Grad in der unteren Hälfte des Ofens 15–20 Minuten backen. Für die Sauce den Zucker im noch warmen Tee langsam auflösen, mit Zitronensaft abschmecken und auskühlen lassen. Den Schnaps darunter- mischen und die noch warmen Savarin-Törtchen mit der Sauce tränken. Mit frischen Blumen bestreuen und nach Belieben Schlagrahm dazu servieren.

Verkehrtes Sandwich

Lustvolles Picknickhäppchen ohne Brot.

Alpkäse, in dünne Scheiben geschnitten

Blättchen und Blüten von Alpenthymian

Den Thymian jeweils zwischen zwei Käsescheiben legen. Diese mit den Fingern sehr fest zusammen- drücken und dann herzhaft hineinbeißen! Die köstliche Überraschung im Mund entsteht durch die Verbindung des zerquetschten Gewürzkrauts mit dem Fett und Salz des Käses.

Thymianstöpsel

Ein Rezept für die Nase.

Offene Blütenstände von Thymian, frisch

abgebrochen

Beim Wandern hin und wieder diese Blütenteile in die Nasenlöcher stecken. Die Größe passt genau, und die dadurch eingeatmete Luft riecht betörend nach Thymian und Bergfreude ...

Thymianbutter

Auch fürs Picknick geeignet.

200–250 g Butter

1 Tasse abgezupfte Thymianblätter und -blüten,

fein gehackt

2 Prisen Salz

Die Butter bei Zimmertemperatur oder in der Nähe von Kochherd oder Backofen sehr weich werden lassen; sie soll geschmeidig, aber noch nicht flüssig sein. Mit Thymian und Salz gut verrühren. Die Kräuterbuttermischung 1–2 Tage bei Raumtempe-

Alpenthymian.

ratur stehen lassen, damit die ätherischen Öle sich mit dem Fett gut anfreunden und darin aufgehen können. Dann die duftende Butter in kleinen Portionen in Folie packen oder in kleine verschließbare Behälter abfüllen. Dunkel und sehr kalt aufbewahren oder einfrieren.

Zu verwenden wie andere Kräuterbutter oder auch einfach zum Beispiel auf frisch gekochten Teigwaren. Alles »Bergige« passt speziell gut dazu, wie Steaks von Wildfleisch, Getreideprodukte aus alpinen Zonen, Kartoffeln, geräuchertes oder luftgetrocknetes Rohfleisch aus den Bergen.

Variante: Die Hälfte der Butter durch streichfähigen Frischkäse ersetzen. Damit lassen sich Brote dicker bestreichen, zum Beispiel fürs Sandwich aus dem Rucksack für die Bergwanderung – die Gebirgsflora duftet von außen und von innen!

»Auf der Alp, da ist es schön!« Das finden zum Schrecken der Menschen auf der Alp auch Blacken und Brennnesseln, die beiden grünen Hüterinnen von Heilkraft und Nährstoffen.

Alpenampfer, Blacken

Der Schrecken des Alpvolks sind die sogenannten Blacken, der Alpenampfer, der zur selben Familie wie der Rhabarber gehört. Roh gefressen, sind Blacken für das Vieh unbekömmlich. Da sie heute nicht mehr eingesäuert oder gekocht werden – früher eine Delikatesse für Rinder, Schweine und Menschen –, verbreiten sie sich immer mehr, und dies auf Kosten anderer Futterpflanzen. Blacken gedeihen im voralpinen und alpinen Alpenland dort, wo das Vieh sich aufhält, und können nicht genug bekommen vom natürlichen Dünger. Deshalb wachsen sie schnell, und die Stängel und inneren Blätter bleiben den ganzen Sommer über erstaunlich zart.

Blacken-Päckchen

In Wildblätter verpackt, werden Reste von Alltagsspeisen zu Delikatessen.

Je nach Größe 20–30 junge, hellgrüne Alpenampferblätter (Blacken)
....
2–3 Tassen Risotto, Kartoffelbrei, Polenta o.ä., kalt
....
3–4 Esslöffel Mehl
....
2 Eier
....
wenig Kräutersalz
....
etwas Reibkäse, Wurst- oder Fleischreste, nach Belieben
....
Butter oder Bratfett

Die Ampferblätter vom Stiel befreien und auf der Arbeitsfläche ausbreiten; nach 2–3 Stunden bei Zimmertemperatur sind sie schlaff und lassen sich falten, ohne zu brechen.

Inzwischen die Grundmasse (Risotto, Kartoffelbrei o.ä.) mit Mehl, Eiern, Kräutersalz und nach Belieben einer weiteren Zutat gut verrühren und 1–2 Stunden ruhen lassen. Die Masse auf die Blätter verteilen und darin einrollen, sodass sie gut verpackt sind. Die Päckchen in einer weiten Bratpfanne in heißem Fett bei mäßiger Hitze 5–10 Minuten anbraten, dann wenden und zugedeckt noch 15 Minuten bei kleinerer Hitze fertig garen. Zusammen mit einem farbigen Salat servieren.

Tipp: Mit etwas Rahm oder/und Reibkäse im Backofen kurz überbacken.

Gebratene Blackenblüten

Das Zarteste und Nahrhafteste, was die Pflanze zu bieten hat, schnell und einfach zubereitet.

> **4–6 Knospenstände von Alpenampfer (Blacken), kurz vor der Blüte**
> ....
> **Bratfett oder Butter**
> ....
> **Kräutersalz**

Die großen Knospenstände den Verzweigungen folgend zerschneiden (wie Blumenkohl). Im heißen Bratfett beidseitig kurz und kräftig braten, mit wenig Salz bestreuen und sofort servieren.

Links: Blackenblüten im Knospenstadium, zum Braten geeignet.
Rechts: Blackenkompott.

Kompott aus Blackenstängeln

Der Alpenampfer ist eigentlich wilder Rhabarber. Das Kompott schmeckt milder und runder als das des größeren kultivierten Rhabarbers.

> **30–50 dicke Stängel von Alpenampferblättern, vor Ende Juli geerntet**
> ....
> **5 Esslöffel Wasser**
> ....
> **Rohzucker oder Melasse oder Bienenhonig**
> ....
> **wenig Zitronensaft**

Die Stängel wie Rhabarber schälen und in kleine Stücke schneiden. Mit dem Wasser aufkochen und bei kleiner Hitze 10–20 Minuten köcheln lassen, dann mit dem Stabmixer pürieren. Mit etwas Zitronensaft und Zucker abschmecken.

Geröstete Ampfersamen

Hierfür eignen sich alle Ampferarten, am besten die spitzblättrigen Blacken, die in fetten Wiesen und zuhauf auch an vernachlässigten Orten im Kulturland leben. Pflücken und Zubereiten wie beim Sauerampfer, Seite 25, beschrieben.

Brennnessel im Gebirge

Das saftige Grün für Tee und Spinat hält in der Höhe nicht lange an, denn hier jagt das Klima die Wachstumszyklen von Tieren und Pflanzen sehr schnell durch den kurzen Sommer, und auch der Brennnessel pressiert es mit dem Blühen. Ihre reifen Fruchtstände gedeihen im nährstoffreichen Weideparadies mehr als prächtig: Sie strotzen vor Größe, Dicke, Grünkraft, und vor unbändiger Lust, ihr Leben weiterzugeben. Auf Höhen von 1600 bis 2200 Metern über Meer übertreffen sie alles, was es sonst an ihresgleichen gibt, auch wenn die Pflanzen selbst von niedrigem Wuchs bleiben.

Nach alter Überlieferung sollen Brennnesselsamen bei beiden Geschlechtern die Liebeslust anregen.

Gebratene Liebeswürmchen

Erntezeit ist Ende Juli bis Mitte September.

 2–4 Brennnesselrispen, mit Samenrispen voll
 behangen
 3–4 Esslöffel Öl oder Butter
 wenig Salz

Die Samen- oder eigentlich Fruchtrispen, die sich wie trockene Würmchen anfühlen, mit einer kleinen Schere von den Stängeln schneiden (da die brennenden Blätter in dieser Phase noch sehr klein sind,

kann man ihnen gut ausweichen). Die Rispen in einer Pfanne im erhitzten Bratfett unter zwei- bis dreimaligem Wenden knusprig braten. Nach Belieben mit wenig Salz bestreuen und sofort genießen als pikante Gemüsebeilage oder als Krönung auf einer Cremesuppe mit Kartoffeln, Gemüse oder Brennnesselblättern.

Variante für Alpenmagronen: Die knusprigen »Liebeswürmchen« nicht salzen und statt des üblichen gerösteten Paniermehls über die angerichteten und mit Käse bestreuten Teigwaren geben. Das nussartige Aroma wird Begeisterung auslösen.

Preiselbeeren.

In den Bergen macht der Herbst sich schon im Spätsommer bemerkbar, durch sich orange färbendes Heidelbeerlaub, durch Rauhreif am Morgen oder einen ersten Wurf Schnee.

Preiselbeeren

Von Ende August bis Mitte September locken tiefblaue Heidelbeeren an ihren Kleinstauden. Später leuchten und lachen näher am Boden die knallroten Preiselbeeren; im Mund sind sie herb-wilder als Heidelbeeren, dafür ertragen sie auch viel mehr Frost.

Preisel-Fruchtsalat »Rote Perle«

Ein Fruchtsalat mit milder Süße und herber Alpenkraft.

> 2 Esslöffel Bienenhonig oder Birnendicksaft (Birnel)
> ½ Zitrone, Saft
> 1 Tasse frische oder aufgetaute Preiselbeeren
> ½ grüne oder gelbe Zuckermelone

Den Honig oder Birnendicksaft mit dem Zitronensaft in einem kleinen Pfännchen erwärmen, bis es sich gut vermischt hat, dann abkühlen lassen. Die Preiselbeeren einige Stunden darin marinieren. Die Melone in kleine Scheiben schneiden und mit den marinierten Preiselbeeren mischen.

Alpenglühn

In den letzten Tagen der Alp oder im Hochsommer auf dem Maiensäß.

> FÜR EIN LONGDRINKGLAS VON 250 ML INHALT:
> 20 ml Alpenrosen-Dicksaft, nach Grundrezept Seite 10
> 15 ml Preiselbeer-Süßsaft, nach Grundrezept Seite 11
> 15 ml Williams-Birnenbrand
> 100 ml Roséwein
> 100 ml verdünnter Cranberrysaft (fertig gekauft) oder Hahnenwasser

Die Zutaten in der angegebenen Reihenfolge ins Glas geben und gut umrühren. Falls von der Bergwanderung noch ein paar Alpenrosen am Rucksack stecken, ein paar gezupfte Blüten darüberstreuen. Dieser Trunk passt zu einem friedlichen Sommerabend und »befriedet« Gestresste. Sein Aroma vereint schlichte Fröhlichkeit mit der Kraft des Gebirges.

Wenn auf der Alp das Gras schon braunrote Spitzen hat und der Abzug des Viehs naht, treten die Bäume nahe der Waldgrenze markanter in Erscheinung und Wahrnehmung. Dann suche ich gern nach Wetter-tannen, die unter ihren ausladenden Ästen den söm-mernden Tieren eine große »Stube«, dunkel, trocken und grasfrei, zur Siesta angeboten haben. Die Berge von Dung erzählen davon. Wie eine Mutterhenne, die ihr Gefieder wie einen schützenden Rock über die Küken breitet.

Beim Einnachten streifte ich unterhalb der Alp Flix durch die leicht bestockte Bergweide, denn nicht immer suche ich Beeren und Pilze, manchmal suche ich auch einen Schlafplatz. Ich hielt Ausschau nach einem rund gebogenen Wurzelstock zum Kuscheln oder nach schönen Mulden in der Nähe eines Baumstamms; es begann zu nieseln. Immer wieder erspähte ich einen noch schöneren Platz als den zuvor gewählten, doch aus der Nähe erwies er sich dann als gut benütztes Tiergelege; ich sah es an der sich dem Körper anschmiegenden Form und an der Sauberkeit, daran, dass er völlig dungfrei war; später in der Nacht würde das Wildtier dort einkehren. Der Anstand verbot mir, mich in ein bereits reserviertes »Hotelzimmer« zu schleichen. Schließlich fand auch ich mein Gelege, ein »Zim-mer« mit drei statt fünf Sternen immerhin. Es berührte mich, in engster Gemeinschaft mit Tieren und Bäumen und Gräsern die Nacht zu verbringen.

Weidewälder und Waldweiden – ein Pilzparadies

Mischlandschaften gelten in jeder Beziehung als landschaftliche Perlen. Wenn ich auf oder neben dem Weg über offenes Wiesland gehe, erlebe ich den Zauber dieser Landschaft: Baumgruppen, hier ein verwinkeltes Grasstück, dort eine allein stehen-de Buche oder Eiche, eine dunkle Gruppe von Jung-wuchs, dann wieder ein Stück Weideland, das am Rand von Bäumen liebevoll beschattet wird und sich an manchen Stellen zum Durchgang in eine nächste gemütliche Wiesenstube verengt ... Die Gastgeberin Erde zeigt mir hier ihre schönsten Gemächer, romantisch über alles! Liebespaare, Ein-zelgänger, Familien- und Spaziertouristen suchen genau solche Gegenden. Weidewiesen sind selten gegen die Wege hin eingezäunt; so können Men-schen in diesen Landschaften frei herumstreifen wie die Tiere auch.

Zwischen den freistehenden Lärchen und Tannen in der Umgebung meines Dorfes finde ich von August bis Oktober Habichtspilze, in wulstig-hexischen Bögen angeordnet, Täublinge und Milchlinge, Röhr-linge in sämtlichen Speisevarianten. Schirmlinge haben ihr großes Runddach aufgespannt. Boviste hocken wie Ostereier im kurzen Weidegras, und rote Punkte lachen zwischen den Grashöckern in der Weidewiese: Sind es Pilze oder Preiselbeeren? Rote Saftlinge und Boviste sind roh ab Boden am besten zu verzehren, haben auch nie Würmer. Natürlich bevölkern auch giftige Kollegen die Pilzwelt; es empfiehlt sich daher, die ersten Male mit jemandem auf Sammeltour zu gehen, der sich auskennt (nicht bloß mit einem Pilzbuch in der Hand!).

Reicher Fund: Habichts-, Butter- und Maronenpilz, Roter Saftling, Bovist, Reizker und Speisetäubling.

Gelber Risotto mit Hohlfußröhrlingen

Dieser Röhrling steht dem alpinen Risotto gut an und färbt ihn goldgelb. Er wächst auf Lärchen-Waldweiden. Der Stiel ist hohl, die Haut fühlt sich wie ein Kuhfell an. Roh schmeckt dieser Pilz säuerlich; Schnecken und Würmer lassen ihn in Ruhe, wenn andere Röhrlinge (z.B. Steinpilze) zur Verfügung stehen.

> 2–3 Tassen getrocknete Hohlfußröhrlinge
> 300 ml Weißwein oder Wasser
> 1 Zwiebel, fein geschnitten
> 2 Tassen Risottoreis
> 2 Esslöffel Olivenöl oder Butter
> 600 ml Bouillon

Die Pilze 2–3 Stunden im Weißwein oder Wasser einweichen.
Zwiebel und Reis im erhitzten Fett glasig dünsten und mit der Einweichflüssigkeit samt den Pilzen ablöschen. Die Bouillon dazugießen und den Risotto bei kleiner Hitze halb zugedeckt und unter gelegentlichem Umrühren garen. Falls nötig, nochmals etwas Wasser hinzufügen und zum Schluss nach Bedarf salzen.

Hexisches Reisgericht mit Habichtspilzen

Ein Gericht, das Zeit statt Strom braucht. Weiterer Vorteil: Es kann Stunden im Voraus aufgesetzt werden und ist zuletzt in 20 Minuten genussbereit. Die Habichtspilze schmecken rezent und hintergründig.

Habichtspilze.

1 Tasse Habichtspilze, frisch oder getrocknet,

in sehr feine Streiflein geschnitten

1 Zwiebel, fein geschnitten

2 Karotten, etwas Sellerie oder Bodenkohlrabi,

klein gewürfelt

nach Belieben 2–3 Knoblauchzehen,

sehr fein geschnitten

1 Esslöffel Öl oder Fett

1 Tasse Vollreis

Kräuter aus Garten und/oder Wildnis

700 ml Bouillon

Frische Habichtspilze kurz dünsten und das zum
Ablöschen verwendete Wasser anschließend weggießen. Getrocknete Pilze 1 Stunde einweichen,
in der Flüssigkeit kurz aufkochen und dann diese
weggießen.

Zwiebel und Gemüse, nach Belieben auch Knoblauch im erhitzten Fett andünsten. Den Reis beifügen und bei reduzierter Hitze unter ständigem
Rühren mitdünsten. Pilze und Kräuter beifügen und
mit der ganzen Bouillonmenge aufgießen. Aufkochen, dann den Reis im zugedeckten Topf auf der
ausgeschalteten Herdplatte mindestens 3 Stunden
stehen lassen; es können aber auch mehr sein.
 In der bedächtigen Ruhe können die Reiskörner
quellen und die Spelzen sich öffnen – viel besser
als bei langem Kochen.

20–30 Minuten vor dem Anrichten den Risotto nochmals unter Umrühren auf dem Herd oder in einer
Gratinform im Backofen erhitzen.

Varianten:

Haus- oder Bauernwürste von Anfang an im Risotto
mitgaren.

Vor dem letzten Erwärmen etwas zerkleinerten
Bergkäse unter den Reis mischen.

Vor dem letzten Erhitzen im Backofen Speckstreifen
auf den Reis legen.

Oben und Mitte: Vertreter der Stein-
pilzfamilie.
Unten: Reizker mit oranger Milch.

Pilztaschen

Fürs Picknick in freier Wildbahn oder als Mittagshäppchen.

> **2 Handvoll getrocknete, gemischte Pilze**
> **100–150 ml Wasser, heiß**
> **1 Esslöffel Butter**
> **1 Esslöffel Mehl**
> **Salz und Pfeffer aus der Mühle**
> **50 ml Rahm**
> **1 fertig gekaufter, rund ausgewallter Kuchenteig**

Die Pilze 30 Minuten im heißen Wasser einweichen. In einer Pfanne die Butter erwärmen, das Mehl daruntermischen, mit dem Einweichwasser der Pilze ablöschen und gut verrühren. Dann die Pilze dazugeben, würzen und 10 Minuten köcheln lassen. Den Rahm beifügen und das Pilzgemüse auskühlen lassen.

Den Teig samt dem Backpapier auf ein Blech legen und in 8–12 Segmente schneiden. Auf jedes Teigstück am breiten Ende einen Löffel voll Pilzgemüse geben. Die schmale Spitze des Teigstücks jeweils zur Hälfte darüberklappen, sodass es wie ein »offenes Maul« aussieht. Im Backofen bei 220 Grad 15–20 Minuten backen, bis der Teig knusprig ist. Sie können warm oder kalt gegessen werden.

Varianten:

- Die Pilzfüllung pikant mit Muskat, Curry und Nelken oder mit reichlich grünen Kräutern würzen.
- Die Pilzfüllung nicht in der Teighülle, sondern als Gratin backen. Dann braucht es etwas mehr Rahm. Am Anfang können Zwiebeln oder Knoblauch mitgedünstet werden.

Roter Saftling.

Pilzpulver als Küchengewürz

Der Unterschied zwischen den beiden folgenden Pilzsorten ist enorm: Schirmlinge gehören zu den mildesten Pilzen, während der Habichtspilz extrem kräftig schmeckt und meist bloß zum Würzen verwendet wird. Beide kombiniert, zaubern eine ausgewogene Erinnerung an Weidelandschaft in Mund und Seele.

> **Habichtspilze**
> **Schirmlinge, ohne Stiel**

Die Pilze gut säubern, aber nicht waschen. Ganz oder in großen Stücken auf den Gittern im Dörrapparat oder bei offener Backofentür im Ofen bei 50–70 Grad dörren. Die vollständig getrockneten, noch warmen Pilze von Hand zerbröseln; härtere Stücke aneinander reiben. Das Pulver auskühlen lassen und in Papier- oder Baumwollsäcken aufbewahren.

Braches Land

Ein trauriges Bild? Eine fröhliche Fundgrube!
Brach liegender Boden im Siedlungsgebiet wirkt
verwahrlost und ist der Schreck moderner Kultur-
menschen. Fast schämt man sich für einen solchen
Schandfleck und meint, man müsste ihn doch ent-
weder bepflanzen oder darauf ein Haus bauen.
Für die Erde aber bedeutet jede Brache ein Paradies! Endlich kann sie sich ungestört erholen,
endlich muss sie keine zwangsangesiedelten Pflanzen aufpäppeln, endlich ist sie frei vom Druck,
permanent produzieren zu müssen, auf Maß und in
Rekordmenge – Ruhe nach der Anstrengung.

> Brachland gehörte früher zu den weisesten Ein-
> richtungen im bäuerlichen Landbau. In der Dreifel-
> derwirtschaft galt der dreijährige Turnus: Auf jedem
> Feld wurde ein Jahr Wiese, ein Jahr Getreide und
> im dritten Jahr dann gar nichts angebaut. Während
> eines Drittels der Zeit durfte sich die Erde regene-
> rieren und selbst verwalten. Schon die alten Israeli-
> ten in vorchristlicher Zeit (um 1000 v. Chr.) gönnten
> der Erde gleich viel Ruhe und Würde wie dem arbei-
> tenden Menschen: Damals durfte ein Acker jedes
> siebte Jahr ruhen – das berühmte »Sabbatjahr«.

Heute sind es oft eingezonte Bauparzellen, die für
ein paar Jahre brach liegen dürfen. Unten in der
Erde entsteht dann Raum für Träume in den Samen
der einst hier ansässigen, einheimischen Pflanzen, in
den Samen, die schon lange in einen Dornröschen-
schlaf gesunken sind. Uralt sind sie, doch topfit fürs
Leben. Achtzigjährige Vogelmierensamen fangen
an zu keimen, Freiraum witternd, ohne jätende und
vergiftende Menschenhände. Winden, Ackersenf,
Hirtentäschchen und Disteln aller Art tun es ihnen
nach. Alles geht bedächtig und anfangs nur einzeln,
denn die Erdoberfläche ist durch Menschenfüße und

Tipps:
- Damit das Pilzpulver atmen kann, ist die Auf-
  bewahrung im Papiersäckchen in jedem Klima
  am sichersten.
- Die nach dem Zerreiben verbleibenden Pilzreste
  können wie andere Trockenpilze verwendet
  werden.
- Statt sie von Hand zu zerreiben, im geschlosse-
  nen Schneidemixer (Cutter) pulverisieren.
- Das Pulver wenige Minuten vor dem Anrichten
  den Gerichten beifügen; es lässt sich feiner
  dosieren als ganze Pilze.

Variante: Beide Pilzsorten einzeln dörren. Schirm-
ling allein würzt helle Rahmsaucen zu Teigwaren
oder helles Fleisch und kann in großer Menge beigefügt werden. Habichtspilzpulver wird sparsamer
verwendet und passt zu kräftigem Fleisch wie
Rind, Steinbock, Gämse oder Wildschwein.

Brachland in Bahnhofsnähe mitten in der Großsatdt.

Maschinen hart und schwer geworden. Breitwegerich begrünt ebenso die steinige Brache wie den viel befahrenen Feldweg.

Breitwegerich

»Ich wachse auf dem festgetretenen Weg, weil ich den Druck der Füße liebe.« So erläutert die Pflanze ihren Namen gleich selbst. Sie bedeckt liebevoll den harten Untergrund und freut sich über jeden Druck von oben. Die Blätter des breiten Wegerichs sind deshalb widerstandsfähig und zum Essen zäh und ledern. In jeder Blattrosette wächst jedoch ein Jungblatt, das längere Zeit etwas gefaltet bleibt und bei Regen erstaunlich groß wird. Genau dieses Blatt ist die Delikatesse und schmeckt zart, mit nussartigem Aroma. Solche zum Essen geeigneten Blätter wachsen das ganze Sommerhalbjahr nach.

Breitwegerich-Nuss-Salat

Gleiches mit Gleichem wie in der Homöopathie: Nuss und Nussiges.

Junge Breitwegerichblätter, aus der Pflanzenmitte gezupft

Baumnusskerne, gehackt

Pflück- oder Kopfsalat, zerkleinerte Blätter

milde Salatsauce, ohne Knoblauch oder Zwiebeln

Die Wegerichblätter ganz lassen und waschen. Mit dem Kultursalat und den Nusskernen vermischen und mit der Sauce einen Salat zubereiten.

Links: Nachtkerze.
Rechts: Oben blühender Natternkopf,
unten Breitwegerich.

Blühende Brache! Sehr bald im Frühling verdrängen Blumen das wenige Grün, denn wo der Humus fehlt, versucht jede Pflanze ihre Zukunft zu sichern, indem sie sich aufs Blühen und Fruchten konzentriert. Hirtentäschchen strotzen bereits von voll bestückten Samenständen, wenn es anderswo erst zu grünen und zu blühen beginnt. Polsterpflanzen wie im Gebirge bedecken den Steingrund, und vom Mai an leuchten Ackermohn, blaue Wegwarte, gelbes Barbarakraut sowie Kamille, Margeriten und violette Disteln um die Wette. Natternköpfe breiten sich großspurig aus und leuchten blau in die Höhe. Blindschleichen und Eidechsen bewohnen das struppige Dickicht und finden Insektennahrung. Im Hochsommer folgen Königs- und Nachtkerzen sowie Goldruten, in Berggegenden auch Weideröslein, und Wegwarten schmücken den Straßenrand mit hellblauen Sternblüten. All diese Blumen sind essbar und veredeln sowohl Salate als auch Süßspeisen. Blumen im Brachland sind durchwegs größer als ihre Schwestern von der Wiese.

Haus- und Wegbau, Holzschlag, grüne Deponien

Wundpflege und

Überdimensioniertes Wachstum am Rand der Naturdeponie.

Nundertüte

Veränderungen tun immer weh. Doch sie allein bringen oder zwingen die Lebewesen dazu, einen außergewöhnlichen Lernschub zu meistern und sich weiterzuentwickeln. Das gilt für Menschen, Tiere und Pflanzen gleichermaßen. Oft sind solche Lernprozesse sogar mit Auswanderung oder Nomadisieren verbunden – man denke etwa an Völkerwanderungen.

Bei Wildpflanzen gehören neben Veränderungen des Klimas alle mechanischen Bodenverletzungen dazu, angefangen im Garten, wenn die Erde durch Hacke, Schaufel und Gabel gestört wird. Noch tiefer wird die Humusschicht verletzt, wenn Häuser, Eisenbahntrassees oder Fahrwege gebaut werden. Obwohl das unnötige Verdichten der Waldwege ökonomisch und ökologisch fragwürdig bleibt, profitieren vom Resultat dieser Bodenwunden im Nebeneffekt die Sammlerinnen! Die Erde an den Böschungen trauert zuerst eine Zeitlang braun und nackt vor sich hin, bevor sie Huflattich und bald darauf die allerschönsten Erdbeeren als Vorkämpferinnen an die Oberfläche schickt. Das aufgegrabene Material, Erde und Steine, ist zu Anfang noch sehr locker, sodass Glück hat, wer diesen Vorteil zuerst ausnützt; nichts hemmt die Wurzel, im Eiltempo Tiefe und Nahrung zu gewinnen.

»Stirb und werde!« Das zuvor geltende soziale Gefüge im Erdreich wird zerstört. Ordnungen und

Oben: Begrünung der gestörten Erde nach Windwurf. Unten: Löwenzahnriese auf Holzlagerplatz.

Verbindungen, Freundschaften und Feindschaften brechen auseinander. Die Pflanzen-»Seelen« – wie sollte ich sie anders nennen? – erschrecken, ducken sich im Schock und brauchen dann ihre Zeit. Die vielen Wurzelstücke, Keime und Samen arrangieren sich zuerst noch langsam neu: Wer vor wem, wer gegen wen, wer neben wem?

Ungebrochener Lebenswille

Pflanzen verhalten sich grundsätzlich egoistisch, wie Tiere und Menschen auch. Das bedeutet, sie sind darauf bedacht, ihre eigene Art zu erhalten und deren Fortbestand zu sichern. Altruismus, das heißt, sich auf das Wohl anderer statt seiner selbst zu konzentrieren, kann sich ein Lebewesen nur leisten, wenn es dadurch auch einen Gewinn hat oder wenn eigene Vitalität im Überschuss vorhanden ist und gebraucht werden will. Nach dieser Grundweisheit reorganisieren sich Wildpflanzen, wenn ihr heimatliches Erdreich gestört und umgeschichtet wird. Ihre Lebensbejahung ist extrem. Auch mein eigenes Ja zum Leben muss immer bei mir selbst anfangen.

> »Liebe deinen Nächsten wie dich selbst«, sagte ein jüdischer Rabbi, ein großer Lehrer, Therapeut und Seelsorger, wohl wissend, dass das Ja und der Wille zum eigenen Leben die Voraussetzung bilden für eine gesunde Gesellschaft. Dasselbe meint er auch mit der weltberühmten »Goldenen Regel«: »Was du willst, das man dir tut, das tue auch du den anderen Menschen!«

Einige Pflanzen haben sich mit ihrem unbändigen Ja zum eigenen Leben sogar spezialisiert auf unruhige Zonen und bevorzugen »oft gestörte Plätze«, wie der Wildpflanzenspezialist Steffen G. Fleischhauer erklärt: Huflattich, gewöhnliche Schafgarbe,

Beinwell, Weidenröschen, Hirtentäschchen, Hederich, Ackersenf und Malve. Es sind die »Fahrenden« oder Zigeuner unter den Wildpflanzen. Dementsprechend wechseln sie oft den Standort; sie suchen sich verletzte Böden aus, egal ob durch erdeigene Bewegungen oder durch Menschenhand verursacht. So verwirklichen sie sich selbst und heilen zugleich die Erde – mit ihren Bewohnern –, beides gehört zusammen.

Knoblauchhederich

Die Namen variieren, aber das Aroma ist unverwechselbar delikat! Ein feiner Hauch von Knoblauchessenz aromatisiert das weit verbreitete Gewächs. Blätter und Blüten sind von zarter Konsistenz und verwendbar als Gewürz für gekochte Gerichte, aber fast besser noch für den rohen Verzehr.

Sein geselliges Auftreten kann fast bedrohlich wirken. Er kann im einen Jahr in Massen als Pionierpflanze eine zugeschüttete Erdwunde bedecken, und sich im folgenden Jahr auf und davon gemacht haben. Sammelleute müssen ihm immer wieder nachspüren. Etwas standorttreuer ist der Hederich in Gärten, an Straßen- und Heckenrändern.

Im frühen Frühling fallen die Blätter mit dem apart gewellten Rand bald einmal auf, weil sie zu den ersten Wagemutigen gehören. Später hängen sie klein und zäh an den lang gewordenen Stielen, und bereits im Juni übersieht man gern das dünn und gelb gewordene Kraut. In regnerischen Frühjahren bleiben die Blätter viel länger groß und essbar; auch die jungen Blüten kann man verspeisen.

Freches Frühlingssandwich

Das lustige Doppelbrot für Büro, Wanderung oder
andere Anlässe unterwegs.

> 2 Handvoll Knoblauchhederichblätter
> 150–200 g Frischkäse als Brotaufstrich
> 1–2 Esslöffel Meerrettichpaste
> 8 Scheiben Mehrkorn-Toastbrot

Die Blätter waschen und nicht allzu fein zerschneiden. Frischkäse und Meerrettich mischen und
auf die Brotscheiben streichen. Die zerkleinerten
Hederichblätter großzügig auf der Hälfte der Brote
verteilen und jeweils mit einer zweiten Brotscheibe
bedecken.
Tipps: Natürlich geht auch normales Brot, doch
lassen sich die weichen Toastbrotscheiben beim
Hineinbeißen besser zusammendrücken.
Als Aperitifhäppchen die fertigen Sandwiches jeweils in 4 kleine Quadrate oder Dreiecke schneiden.

Huflattich

Unverwüstlich bedeckt er gütig und schützend
die schwersten Böden nach Straßen- und Wegbau
auf humusarmem Deponiegelände. Er wächst in
allen Höhenlagen bis zur Vegatationsgrenze, bevorzugt aber feuchtes Gelände.
Im Vorfrühling beglücken die gebratenen oder
frittierten Blüten auf dem Teller und ergeben in
Berggegenden meist das erste Wildgemüse nach
der Schneeschmelze. Die Blätter, die wegen ihrer
Häufigkeit fürs Auge eher banal wirken, werden so
riesengroß, dass ich sie schon oft als Schale für
frisch gepflückte Wildbeeren verwendet habe. Sie
sind bis weit in den Mai hinein zarter, als sie glauben machen. Dank ihrer Größe ziehe ich sie anderen
Blättern für Wickel aller Art vor. Die Italiener

Sandwich mit Knoblauchhederich.

nennen sie »Involtini«, die Franzosen »Roulades«,
die Graubündner »Capuns«; alle diese Bezeichnungen verraten Ursprung und individuelle Vielfalt dieser genialen Art der Resteverwertung: Altes Brot
oder Reste von Kartoffel-, Mais-, Reis- oder anderen
Getreidegerichten werden mit etwas Ei, Mehl und
Gewürzen zu Klößen verarbeitet und portionenweise
in Blätter aus Garten oder Wildnis eingewickelt.
Fleisch-, Wurst- und Käseresten veredeln und würzen den Inhalt, auch frische Kräuter sowie glasig
gebratene Speckwürfelchen oder Zwiebeln.

Huflattichblätter
im Frühling.

Huflattichwickel

Die ausgewachsenen Blätter können bis in den Mai hinein verwendet werden. Kühl aufbewahrt und in ein feuchtes Tuch gewickelt, bleiben sie mehrere Tage frisch.

16–20 mittelgroße Huflattichblätter, ohne Stiel

Bratfett und wenig Bouillon zum Garen

FÜLLUNG:

150 g Speck oder Wurst, gewürfelt

1 große Zwiebel, fein gehackt

3 Tassen altes in Milch eingeweichtes Brot, kalter Risotto oder kalte Polenta

3 Eier

etwas Mehl

Salz und Pfeffer aus der Mühle

Für die Füllung Speck oder Wurst und Zwiebeln glasig braten und auskühlen lassen. Mit den anderen Zutaten gut vermischen, dabei so viel Mehl beifügen, dass die Masse zusammenhält. 30–60 Minuten ruhen lassen.

Die Blätter in kochendem Wasser sehr kurz – etwa drei Atemzüge lang – überwallen, dann herausheben, kalt abschrecken und abtropfen lassen. Die Füllung auf die ausgelegten Blätter verteilen und einrollen, sodass sie gut darin verpackt ist. In einer Bratpfanne wenig Fett erhitzen und die Wickel beidseitig kurz anbraten. Mit wenig Bouillon ablöschen und 20 Minuten zugedeckt auf reduzierter Hitze garen lassen.

Backofenvariante: Die fertigen Wickel in eine Gratinform legen, Reibkäse und Rahm darübergeben und im Backofen bei 180–200 Grad 15 Minuten gratinieren.

Fleischlose Variante: Statt Speck oder Wurst 100 g geriebenen oder fein geschnittenen Käse sowie 1 Esslöffel weiche Bärlauchbutter (siehe Variante Seite 94) dazugeben.

Übrigens noch eine ganz andere Verwendung der Huflattichblätter: Mit ihrer Unterseite eignen sie sich, wie meine Mutter uns Kindern zeigte, auch als flauschig weiches Toiletten-»Papier« für unterwegs.

Grüne Langzeitdeponien und Schutthalden

Da türmt sich alles, Wildnis und Kulturreste, wild über- und durcheinander: Abgetrennte Stauden und Baumäste, Mauer- und Backsteinstücke, faulendes Kompostmaterial, halbvergorener Rasenschnitt, Betonreste, erlaubtes und illegales Baumaterial. Für Sammlerinnen sind solche Orte eine wahre Wundertüte! Eine Beinwellstaude gedeiht wie ein kleiner Baum, Brennnesseln wachsen ausnahmsweise als eindrückliche Individuen. Kletten und Königskerzen bilden, bevor der Blütenstängel sprießt, Blattrosetten von fast beängstigend mythenhafter Größe.

Die unromantischsten Orte werden oft zum exquisiten Delikatessengarten. Nicht gedüngt, nicht gepflegt, nicht beachtet. Deshalb gebietet gerade hier die Würde der Pflanzen, dass ich sorgfältig mit ihnen umgehe, aus Liebe zum Leben, dem meinen wie dem ihren.

Weidenröschen

Warum wohl diese riesigen Ruten in der Verkleinerungsform benannt werden? Eine Frechheit. Aber sie haben diese wahrscheinlich den pinkroten und essbaren Blüten zu verdanken. Weidenröschen blühen von Juli bis August.

Weidenröslein schenken uns auch ein spargelartiges Frischgemüse. Die fleischigen Jungtriebe verlassen in der Tiefe die Hauptwurzel und stoßen von weit unten durch die Erdoberfläche ans Licht. Ideal sind für sie Kiesgruben, frisch aufgeschüttete Straßenböschungen, vom Schneepflug zur Seite gestoßener

Weidenröschenblüten (links) und -jungtriebe (rechts).

Straßenbelag, wilde Deponien von zerbröckeltem Mauerwerk oder steinigem Gartenabfall. Mein schönstes »Spargelfeld« liegt am steilen Abhang, wo jahrelang Aushub und Bauschutt deponiert wurden. Kaum sind die Spitzen sichtbar und zeigen erste Andeutungen von Blattbildung, ist der Moment zum Stechen da. Mein altes, langes Küchenmesser folgt dem Trieb nach unten und kappt ihn.

Am Abhang einer Kiesgrube entsteht ein Delikatessengarten für die kommenden Jahre.

Bergspargeln von Weiderosen

4 Handvoll frisch gestochene Weidenrosentriebe
Kräutersalz
frische Butter oder Rahm

Die Pfanzentriebe waschen und so wenig wie nötig schälen, da sie nicht so dick sind wie Kulturspargeln. In leicht gesalzenem Wasser 3–5 Minuten garen lassen. Absieben, in den Topf zurückgeben und unter Wenden in Butter oder Rahm kurz erwärmen. Mit Kräutersalz würzen.
Variante: Die gegarten Wildspärglein, statt sie mit Rahm oder Butter zu verfeinern, bündelweise in Frühstücksspeckscheiben wickeln und in der Bratpfanne rundum glasig braten.

Beinwell

Die Staude mit den großen langen Blättern und den rötlichen Hängeblüten fällt nur schon durch ihr dunkles Grün von Weitem auf. Sie wächst einzeln, wird groß und erwartet mich meist als Überraschung im gerodeten, umgegrabenen oder aufgeschütteten »Niemandsland«. Die Blätter bleiben bis weit in den Sommer zart und eignen sich sowohl für Wickel wie für Apéro-Chips (siehe Rezept Brennnessel-Chips, Seite 69).

Kalte Beinwellsuppe
Für die erste Mahlzeit auf dem Balkon an einem warmen Maientag.

> 10 große oder 20 kleine Beinwellblätter
> 5–10 Radieschen oder 1 Rettich
> 1/3 Salatgurke
> 2 Karotten
> Tomate und Sellerie, falls vorhanden
> 1 Knoblauchzehe
> Saft von 1/2 Zitrone
> Kräutersalz, evtl. Pfeffer aus der Mühle

Die Beinwellblätter, alle Gemüse und den Knoblauch klein schneiden. Zitronensaft und 300–400 ml Wasser dazugeben und mit dem Mixer so lange pürieren, bis die Konsistenz einer Suppe erreicht ist, das Gemüse aber noch etwas Biss hat. Mit Kräutersalz und falls nötig Pfeffer würzen. Sofort kalt genießen.

Gänsefuß

Obwohl von geradezu langweiligem Anblick, liefert diese schlichte und unauffällig blühende Spinatpflanze das zarteste Gemüsegrün, im Aroma milder als alles andere, was sich als Kochgemüse eignet. Der Gänsefuß gehört – nach der Menge seines Vorkommens und seiner unverwüstlichen Gesundheit – zu den hartnäckigsten Unkräutern in Gärten, auf Äckern sowie auf Kies- oder Erdaufschüttungen. Er wächst außerordentlich schnell und in kompakten Gruppen, was für die Sammelleute von Vorteil ist! Gänsefuß pflücke ich immer auf »Niemandsland« in riesigen Mengen als Vorrat zum Einfrieren. Solche Schnäppchen vermögen über andere mühsamere Erntearbeiten hinwegzutrösten.

Blühender Beinwell.

Gänsefußkolonie.

Gänsefußgemüse

> **Gänsefußblätter oder bei kleinen Pflanzen**
> **die ganzen oberen Teile der Triebe**
> ....
> **etwas Olivenöl oder Butter**
> ....
> **mildes Salz**

Die Blätter in kochendem Wasser kurz überwallen. Noch warm in einer beschichteten Pfanne mit Öl oder Butter und etwas Salz vermischen. Scharfe Zutaten wie Zwiebeln oder Knoblauch wären schade für den feinen Geschmack!

Hirtentäschchen

Die langen Stängel mit den herzförmigen Samentäschchen fallen auf, denn in gestörter Erde entwickelt sich diese essbare Wiesenpflanze zu gigantischer Größe. Die Blüten kommen und gehen in rascher Abfolge, sodass die reifen Früchtchen bereits im Mai von den Stängeln geschnitten werden können. Roh schmecken sie nach nichts, aber durch Erhitzen tritt ein feines Aroma hervor.

Der Samenstand des Hirtentäschchens.

Hirtenspaghetti

400 g Spaghetti

ca. 50 ml Olivenöl

2 Tassen Samentäschchen des Hirtentäschchens

Kräutersalz

1 Tasse geriebener Käse (Parmesan oder Sbrinz)

Die Spaghetti nach Packungsangabe kochen. Inzwischen in einer Bratpfanne das Olivenöl erwärmen und die Samen langsam darin dünsten. Mit Salz abschmecken und zugedeckt stehen lassen. Die fertigen Spaghetti gut abtropfen lassen, in die Bratpfanne zu den gedünsteten Samen geben, gut vermischen und am Schluss noch den Reibkäse darunterziehen.

Tipp: Die Samen können im Rohzustand gut eingefroren werden.

Beifuß

Wie der Wermut gehört auch der gewöhnliche Beifuß zur Artemisia-Familie. Er säumt nicht nur Flurwege und Bergstraßen, sondern auch Äcker, denn er verträgt ebenso humusreichere Erde, wenn seine Wurzeln mit Steinen spielen können. Die Pflanze bewohnt vorwiegend die Alpensüdseite und nördlich davon nur warme Föhntäler. Dies schlägt sich in seinem Aroma nieder, das weniger streng als Wermut und etwas runder, erotischer ist. Er wärmt auf fast unheimliche Weise. Ob es der Beifuß wohl deshalb bei den Indianern und in ganz Eurasien zum höchsten Ritualmeister geschafft hat? Zum reinigenden Räuchern, zur Jagdvorbereitung, für Liebeszauber, Haussegnungen, Trancerituale zur Sonnenwende. Auch ganz schlicht und körpernah – »beim Fuß« – wird der Beifuß zum guten Freund auf langen Märschen: Er heilt müde Füße, überanstrengte und von Muskelkater geplagte Glieder. Schon in der Antike trugen Wanderer immer Beifuß bei sich, um unterwegs Beine und Füße mit den zerknüllten frischen Blättern einzureiben.

Beifuß-Fleischwickel

Zartbittere Würze, geheimnisvoll und doch dezent genug.

16–20 mittelgroße oder junge Alpenampferblätter (Blacken)

Bratfett oder -öl

FÜLLUNG:

200 g Hackfleisch, gegart, oder Reste von Braten, Siedfleisch usw., fein geschnitten

2 große oder 3 kleine Eier

1 Tasse fein gehackte Beifussblätter

Salz

3–5 Esslöffel Mehl oder Paniermehl

Den Stängel von den Ampferblättern abschneiden und die Blätter 1–2 Stunden ausbreiten, bis sie welken und biegsam sind.

Für die Füllung das abgekühlte Hackfleisch oder die Fleischreste mit allen anderen Zutaten gut vermischen. So viel Mehl dazugeben, bis eine feste, formbare Masse entstanden ist. 30–60 Minuten ruhen lassen. Die Füllung auf den ausgelegten Blättern verteilen und einrollen, sodass sie gut darin verpackt ist. In der Bratpfanne das Fett oder Öl erhitzen und die Wickel beidseitig kurz anbraten. Dann die Hitze stark reduzieren und die Wickel 10 Minuten zugedeckt garen lassen.

Als Beilage passen farbige Mischsalate oder Kartoffelsalat.

Ein Kräuterbouquet aus Wermut, Rossminze, Beifuß, Schafgarbe und Dost.

Beifuß-Kuchen »Artemisia«

Als Vorspeise oder leichtes Hauptgericht.

> 220 g Butter, weich
> ....
> 4 Eier
> ....
> 2 Prisen Salz
> ....
> 100–150 g geriebener Hartkäse, Parmesan
> oder Sbrinz
> ....
> 2 Handvoll getrocknete Beifußblätter
> ....
> 100 ml Weißwein
> ....
> 400 g Halbweißmehl
> ....
> 1 Esslöffel Backpulver

Butter, Eier, Salz und Käse zu einem glatten Teig
verrühren. Den Beifuß mit den Händen sehr fein
zerbröseln und zum Teig geben. Den Wein beifügen
und alles gut verrühren. Mehl und Backpulver darunterziehen. Den Teig in eine ausgebutterte runde
Springform oder in eine lange Cakeform geben
und im Backofen bei 180 Grad 50 Minuten backen.
Am besten schmeckt der Kuchen warm. Dazu passt
Salat und, nach Belieben, ein Stück Trockenfisch
oder -fleisch oder ein Würstchen mit Senf.

Fünfkräuter-Segensweg

Auf gestörter Erde wachsen die kräftigsten
Pflanzenpersönlichkeiten, denn sie kennen die Grat-
wanderung zwischen Sein und Nichtsein. Ein
Schutzritual zur Hauseinweihung, eine Grenzab-
schreitung zum Jubiläum eines Spielplatzes, zum
Schlichten eines Gartenkonflikts unter Nachbarn ...
Der Beifuß als fünfte der heiligen Pflanzen und
Quinta essentia verbindet die anderen vier Dimen-
sionen.

> Majoran (Dost) – als sinnliche Würze des Lebens
> ....
> Minze – zur Erfrischung
> ....
> Wermut – für klares Erkennen
> ....
> Schafgarbe – zum Heilen und Gesundbleiben
> ....
> Beifuß – zum Stärken der Füße und Anregen
> des Geistes

Von allen fünf Pflanzen einige sehr schöne Zweige
sammeln, ohne dabei einen Metallgegenstand
(Messer) zu verwenden. Die Pflanzen den Anwesen-
den vorstellen. Jede und jeder sucht sich einen
Zweig aus und begibt sich damit auf den vorgesehe-

nen Weg. Dabei werden die guten Gedanken, durch die gewählte Pflanze gestärkt, dem aktuellen Thema des Rituals gewidmet.

Anschließend gibt es gleich am betreffenden Ort ein schlichtes Picknick, zum Beispiel Minzensirup und Wermutwein zum Trinken, Majoranbrot und Beifußtorte zum Schmausen. Schafgarben gibt es als Schnaps zum Abrunden oder als Streublüten im Sirup.

Sommersalat »Quintessenz«

Die oben genannten Pflanzen – mit dem Beifuß als fünfter Essenz, die alles verbindet – ergeben auf dem Teller einen wunderbaren Spätsommersalat.

> **Je 2–3 Esslöffel fein gehackte Dost-, Minze-, Wermut- und Beifußblätter sowie Schafgarbenblüten**
> **5 Esslöffel Salatöl**
> **1 Spritzer Zitronensaft oder Essig**
> **2 Prisen Salz**
> **8 mittelgroße Kartoffeln, gekocht und erkaltet**
> **4 Esslöffel Hüttenkäse**

Die Kräuter mit Öl, Zitronensaft oder Essig und Salz gut vermischen. 1 Stunde ziehen lassen.

Die Kartoffeln schälen, in feine Scheiben schneiden und auf Tellern anrichten. Je 1 Esslöffel Hüttenkäse darüberstreuen und zum Schluss die Kräutersauce darüber verteilen.

Walderdbeeren

Die altbekannte Pionierpflanze auf verletztem Humus: Nach Bodenverletzungen durch Rüfen oder Holzschlag bedecken sie als erste Siedlerinnen den nackten Boden. Fast alle Kinder gehen auf die Suche nach den frischen, roten Beeren im aufgeforsteten Wald oder an der Wegböschung. Auch unsere Vorfahren taten es und verkauften die Erdbeeren erfolgreich. Aber auch in meinem Garten gibt es in der Nähe einer Tanne verwilderte Ecken, wo ich im Sommer die Erdbeeren für das Morgenmüesli finde. So klein die wilden oder Monatserdbeeren auch sind, sie haben Vorteile gegenüber ihren großen Geschwistern. Ihr Wassergehalt ist viel kleiner als jener der Kulturbeeren, sodass sie sich gut einfrieren lassen, ohne beim Auftauen wie diese zu bräunlichem Brei zu zerfallen. Mit etwas Zucker pürierte Walderdbeeren kann man einfrieren und später aufgetaut zum Aromatisieren von Joghurt verwenden.

Sommersalat mit »Quintessenz«.

Walderdbeeren.

Erdbeerschaum

Kleiner Beerenfund – großes Desserterlebnis.

- 1 Tasse wilde Erdbeeren
- 1–2 Esslöffel Zucker
- 1 Spritzer Zitronensaft
- 2 Eiweiß
- 2 Esslöffel dunkler Süßsaft von Holunder, Brombeeren, Schlehen
- etwas Schlagrahm, nach Belieben
- einige frische Blüten aus Garten oder Wildnis

Erdbeeren, Zucker und Zitronensaft mit dem Stabmixer pürieren. Die Eiweiße zu Schnee schlagen und gut daruntermischen. So kann sich das intensive Erdbeeraroma besser ausbreiten. Anrichten und mit dem Saft sowie mit Wildblüten verzieren.

Himbeeren

Nach Holzschlag oder dem Niedergang von Rüfen und Lawinen wachsen Himbeeren, die Pioniertruppe der Erdbeeren ablösend, als dichtes Strauchwerk und festigen dadurch den gelockerten Boden. Bis später die ersten Rotholunderbüsche den Beginn des Baumwuchses verkünden, liefern sie in großen und ergiebigen Feldern über Jahre viele Kilo Beeren. Die Stauden gedeihen an solchen Orten schnell und gut, aber in unterschiedlicher Qualität. Denn die roten Neuzuzügerinnen ziehen auch Insekten an, und diese benutzen die Beeren freudig als Nest für ihr Eiergelege, ganz besonders an schattig-feuchten Orten und nordseitig gelegenen Halden. Viele Sammelanfänger, die nichts von den Standorten von wurmlosen Wildhimbeeren wissen, werden durch die frisch geschlüpften Würmchen abgeschreckt und kehren enttäuscht zur Gartenbeere zurück, verständlicherweise. Dennoch lassen sich im Anfangsstadium der Ansteckung auch diese Beeren noch immer für Säfte verwenden, die punkto Aroma ihren gezüchteten Kolleginnen eine gute Duftlänge voraus bleiben.

Himbeersirup »Himmelleuchten«

Diese altmodische Zubereitung eines kalt angesetzten Sirups betört durch ihre intensive Farbe und eine Frische, die auf der Zunge prickelt.

- 1½ kg Himbeeren aus Wildnis oder Garten
- 25 g Weinsteinsäure
- 1 l kaltes Wasser
- 1–1½ kg weißer Zucker

Die Himbeeren in einem großen weiten Gefäß (kein Metall!) mit einer Gabel leicht zerdrücken. Die Weinsteinsäure im Wasser auflösen und dieses zu den

Beeren gießen, alles 24–30 Stunden stehen lassen.

Den Saft durch ein Tuch filtrieren und die Beeren am Schluss gut auspressen. Mit dem Zucker mischen (1 kg pro 1 l Saft). 4–6 Tage kühl stellen und dabei ab und zu umrühren, bis sich der Zucker aufgelöst hat. Den Schaum von der Oberfläche abschöpfen. Den Sirup in weithalsige Flaschen abfüllen und mit Gaze verschließen.

Tipp: Im Laufe der ersten Wochen findet eine leichte alkoholische Gärung statt, selten eine Nachgärung. Dadurch bildet sich frischer Schaum, der mit einem zusammengerollten Stück Küchenpapier entfernt werden kann.

Variante: Die Himbeeren zu einem Drittel durch Johannisbeeren ersetzen. Dann ist die Nachgärung weniger heftig.

Schafgarbe

Sie kommt in verschiedenen Arten vor und wächst gern in Gruppen. Die große, »gemeine« Schafgarbe sieht schlicht und streng aus; sie begleitet unsere Kultur von jeher und dient Heilen und Genuss. Im Frühling verwende ich die jungen Blatttriebe, den ganzen Sommer über und im Herbst zudem die Blüten. Die Bitterkeit ist mäßig und das Aroma der Sorten verschieden.

Schafgarbe auf einer Aushubdeponie.

> Hinter unserem Haus wurde vor sechs Jahren ein neuer Stall gebaut und der angehäufte Aushub daneben liegengelassen. »Unordentlich«, meinten viele. »Warte nur«, dachte ich und geduldete mich schmunzelnd. Im zweiten Jahr schossen neben Gänsefuß, Brennnesseln, Sauerampfer und Blacken jäh die Schafgarben hervor, aber nicht vereinzelt, sondern in ganzen Horden. Sie geboten der fröhlichen Maßlosigkeit Einhalt, indem sie unverschämt den ganzen Erdhügel in Beschlag nahmen. Sie reckten sich hoch und breiteten ihr silbergrünes Gefieder aus. Riesige und volle Blütendolden wölbten sich wie Schirme. Die weißen Flächen waren weithin sichtbar. Eine solch üppige Schafgarbenpräsenz kommt in einer dichten Wiesengesellschaft nicht vor.

Während zweier Sammeljahre reichte dieses eine Feld, um meinen ganzen Schafgarbenbedarf für viele Liter Schnaps und Tee zu decken.

Heilblumen auf Salaten und Getränken

Frische Blüten haben mehr Biss als ein Tee;
die Bären fraßen sie wohl auch direkt ab der Wiese.

> **Schafgarbenblütchen, von den vordersten Stielchen geschnitten**

Über einen bunten Salat oder auf ein rotes Aperitifgetränk streuen. Die Blütchen wirken dekorativ,
und die zarten Bitterstoffe bereiten die Verdauungsorgane auf eine größere Arbeit vor.

Doppelte Schafburger

Die geheimnisvolle Bitterwürze betört, ohne erkannt
zu werden.

> **500 g Hackfleisch vom Schaf**
> **5 Esslöffel Paniermehl**
> **2 Eier**
> **Salz und Pfeffer aus der Mühle**
> **1 Tasse Schafgarbenblüten, entstielt**
> **Mehl und Bratfett**

Das Fleisch mit allen weiteren Zutaten außer Mehl
und Fett gut verkneten. Mit bemehlten Händen
zu Burgern formen und diese im erhitzten Fett beidseitig gut braten.

Gemeine Schafgarbe mit Gast aus der Tierwelt.

Schafgarbenschnaps »Alpenwiese«

Der einheimische Digestif wirkt Wunder und ist ganz
einfach herzustellen.

> **Offene Blütenstände der gemeinen Schafgarbe,**
> **wenige Zentimeter unterhalb der Blüten**
> **abgeschnitten**
> ....
> **Kernobsttrester**

Die Blüten satt in Gläser mit Schraubdeckel füllen
und mit Obsttrester auffüllen. Die Gläser verschließen und 3–4 Monate kühl lagern. Dann absieben
und in Flaschen abfüllen. Der Schnaps ist mehrere
Jahre haltbar.

Nach und nach sind weitere Wildgäste an diesem
Ort zum Treffpunkt der Lebenskünstler gestoßen:
Knöterich, Hirtentäschchen, Klee, Natternkopf,
Kamille, daneben auch stellenweise Wermut,
Himbeeren und ein kleiner Holunderbusch. Noch
heute erfreut sich der Aushubhügel einer ausge-
glichenen und üppigen Begrünung, und ich habe in
Hausnähe einen der besten Naturgärten für meine
Küche. Die Pflanzen, die am Anfang vorherrschten,
haben zu teamtauglichem Platzbedarf zurückge-
funden; dafür wird die Pflanzengesellschaft immer
reichhaltiger. Reich fruchtende Riesenbrennnesseln
reinigen im Wurzelwerk das Erdmaterial und verwöhnen im Herbst mit ihren Früchten Familie und
Gäste.

Herbstlicher Rückzug ins Erdreich

Aus dem verkrauteten Chaos steigen erste modrige
Düfte, sobald die Feuchte des Herbstes überhand
nimmt. Mit dem Rückgang der Sonnenkraft fällt die
Spannung im Pflanzenreich rasch in sich zusammen, weil Wasser und seelische Substanzen sich in
den Boden zurückziehen.

Es ist November, ich stehe am Rand einer Deponie
für Garten- und Holzabfall. Schon von Weitem hatten
wir die auffallende Blattrosette der Löwenzahn-
pflanze mit ihren gegen 40 Zentimeter Durchmesser
erspäht. Drei der Kursteilnehmenden wechselten
sich beim Stechen ab, doch die Pflanze steckte
tiefer, als wir meinten. Für die Pfahlwurzel war es
ein Leichtes gewesen, sich durch den lockeren
Grund zu schieben. Irgendwie wurde spürbar, dass
es um ein Ringen um Leben und Tod ging, denn
die Pflanze schien sich zu wehren. Mit der herum-
gereichten Stechgabel wurden bedächtigere Bewegungen gemacht, nicht mehr so grob, und alle
zwanzig Leute wurden plötzlich still. Es kam eine
leise Scheu auf, die gelockerte Wurzel ganz unten
abzuknicken. Schließlich tat es einer. Alle hörten den
feinen Todesstoß, der sich wie ein trockenes »Ach«
anhörte. Da wussten wir, dass das tiefste Stück im
Boden blieb und die Nachricht, aber auch unseren
Dank an die Erde und zu anderen Löwenzahnsamen
weiterleiten würde.

Löwenzahnwurzeln werden, wie die meisten Speise-
wurzeln, im Herbst oder im Vorfrühling, kurz
nach dem Winterfrost gegraben. Sie sind zarter als
jede Schwarzwurzel aus dem Garten; nach kurzem
Köcheln in Bouillon oder Salzwasser liegen sie
weich und aromatisch auf der Zunge. Bloß das
Säubern braucht mehr Zeit.
Löwenzahnwurzeln grabe ich jeden Herbst in großen
Mengen aus und bewahre sie in Plastik, dunkel
und kühl gelagert, auf, bis ich die Zeit zum Rüsten
habe. Im Keller in Sand aufbewahrt, treiben die
Wurzeln auch im Winter aus und liefern gebleichten
Blattsalat.

Löwenzahn:
Großer Blätterbusch – dicke Wurzel.

Löwenzahnwurzelsuppe

3 Handvoll Löwenzahnwurzeln, gewaschen
und geschält
....
600 ml Bouillon
....
1 Spritzer Zitronensaft
....
1 Esslöffel Butter
....
1 Esslöffel Mehl

Die Wurzeln in kleine Stücke schneiden und
in der Bouillon, mit dem Zitronensaft gemischt,
5–10 Minuten weich kochen. In einem zweiten Topf
die Butter erwärmen, das Mehl darunterrühren
und mit der Bouillon (ohne Wurzeln) ablöschen. Mit
dem Schneebesen gut verrühren, damit sich keine
Knöllchen bilden, dann zwei Drittel der Wurzeln
dazugeben. Die Suppe aufkochen und mit dem Mixer
pürieren. Den Rest der Wurzeln beifügen und darin
aufwärmen.

Unglaubliches geschieht: Mitten im Chaos von
Ästen, Gartengrün und Erde wächst plötzlich ein
wunderschöner Kopfsalat, da eine Ziernelke und
dort drüben eine Gladiole! Kulturpflanzen finden
sich zuweilen mit demselben Überlebensinstinkt
und Lernwillen in der Wildnis zurecht wie Wildpflanzen. Vielleicht bleibt es bei diesem ersten Versuch, vielleicht können sie sich auch fortpflanzen
und verwildern erfolgreich. Wir kennen das von
Hauskatzen, die immer wieder und manchmal für
immer in die Wildnis ziehen. Im Gegensatz zum
Fuchs, der sich überraschend leicht zähmen und
als Hof- oder Gartentier halten lässt. Dasselbe gilt
für die Pflanzen: Wildpflanzen lassen sich mit viel
Glück manchmal auch durch Menschenhand in
den Garten holen und werden dort, wie der Fuchs,
etwas gezähmt und an den neuen Standort gewöhnt.

Pflanzen, die in den Rezepten vorkommen

Gisula Tscharner

geboren 1947 am Zürichsee, lebt seit über dreißig Jahren in Graubünden. Nach dem Theologiestudium war sie neben Familie, Gemeindepolitik und Pflanzen-Sammelstreifzügen als ambulante Pfarrerin tätig. Seit 1995 arbeitet sie freiberuflich als Seelsorgerin und Sammelweib und ist so immer unterwegs, innerlich und äusserlich. Nach vielen Jahren mit Barbetrieb und Partyservice bietet sie heute kulinarische Erlebniswanderungen in freier Wildbahn sowie Zeremonien zu Lebensübergängen, Vorträge und Schulungen an.

www.gisula.ch

Ulla Mayer-Raichle (Fotos)

Fotografin, spezialisiert auf Foodfotografie, Natur- und Pflanzenthemen. Hat zahlreiche Kochbücher in fantasievoller und kreativer Weise fotografiert. Verschiedene internationale Preise. Sie arbeitet seit 1989 im eigenen Studio in Kempten und in Füssen im Allgäu.

http://mayer-raichle.com/

Von derselben Autorin und Fotografin:

Hexentrank und Wiesenschmaus
Rezepte aus der wilden Weiberküche